Anselm Grün

Der Himmel
beginnt in dir

Das Wissen der Wüstenväter für heute

Herderbücherei

Gedruckt auf umweltfreundlichem,
chlorfrei gebleichtem Papier

Originalausgabe

3. Auflage

Alle Rechte vorbehalten – Printed in Germany
© Verlag Herder Freiburg im Breisgau 1994
Herder Freiburg · Basel · Wien
Herstellung: Freiburger Graphische Betriebe 1995
Umschlagmotiv: Wolfgang Poeplau, Münster
ISBN 3-451-08823-1

Inhalt

Einleitung

Als ich neulich die Zeitschrift einer österreichischen Bank las, staunte ich nicht wenig, als der Autor den zentralen Artikel über Führungsprobleme in Unternehmen mit der Erzählung einer Mönchsgeschichte begann. Offensichtlich finden heute Manager in den manchmal sonderbar anmutenden Apophthegmen (= Worte der Väter, Aussprüche der Mönche, eingebettet in kleine Erzählungen) eine Hilfe für ihr Leben und ihre Arbeit. War es vor Jahren noch modern, buddhistische Koans zu zitieren, so beginnt man heute, die Weisheit der Wüstenväter zu entdecken. Psychologen interessieren sich heute für die Erfahrungen der frühen Mönche, für ihre Methoden, die Gedanken und Gefühle zu beobachten und mit ihnen umzugehen. Sie spüren, daß da nicht über den Menschen und über Gott geredet wird, sondern daß ihre Worte aus ehrlicher Selbsterkenntnis und wirklicher Gotteserfahrung kommen.

Die Kirche täte heute gut daran, mit den frühen Quellen ihrer Spiritualität in Berührung zu sein. Diese wäre eine bessere Antwort auf die spirituelle Sehnsucht der Menschen als eine moralisierende Theologie, die nur den letzten beiden Jahrhunderten verhaftet ist. Die Spiritualität der frühen Mönche ist mystagogisch, d. h. sie führt ein in das Geheimnis Gottes und in das Geheimnis des Menschen. Und wie die antike Medizin in der Diätetik – der Lehre vom gesunden Leben – ihre wichtigste Aufgabe gesehen hat, so verstehen die Mönche ihre Anweisungen zur Askese und

Spiritualität als Einführung in die Kunst des gesunden Lebens. Im Folgenden soll aus der reichen Quelle der Spiritualität geschöpft werden, wie sie die frühen Mönche etwa in den Jahren 300–600 gelebt haben.

Um das Jahr 270 n. Chr. hörte der zwanzigjährige *Antonius* in der Liturgie die Worte Jesu: „Geh, verkaufe, was du hast, gib das Geld den Armen, und du wirst einen bleibenden Schatz im Himmel haben; dann komm und folge mir nach!" (Mk 10,21). Die Worte treffen den jungen Mann ins Herz. Er verkauft sein Erbe und zieht sich in die Wüste zurück. Zunächst schließt er sich in ein verlassenes Kastell ein, ohne jeden Kontakt zur Außenwelt. Dort ist er allein mit Gott. Aber er begegnet nicht nur Gott, sondern auch sich selbst. Und da spürt er den Aufruhr in seinem Innern. Er wird mit seinem Schatten konfrontiert. Die Leute, die am Kastell vorbeikommen, hören dort lauten Kampf. Es ist der Dämonenkampf, die Auseinandersetzung mit den Kräften des Unbewußten, die sich wie wilde Tiere gebärden. Die Dämonen stürzen sich auf Antonius mit lautem Geschrei. Aber er hält stand. Im Vertrauen auf Gottes Beistand steht er den Kampf durch. Und als die Leute sein Kastell gewaltsam aufbrechen, kommt ihnen ein Mann entgegen, „eingeweiht in tiefe Geheimnisse und gottbegeistert", wie ihn *Athanasius* in seiner berühmten Lebensbeschreibung charakterisiert: „Die Verfassung seines Innern war rein. Denn weder war er durch den Mißmut grämlich geworden noch in seiner Freude ausgelassen, auch hatte er nicht zu kämpfen mit Lachen oder Schüchternheit; denn der Anblick der großen Menge brachte ihn nicht in Verwirrung, man merkte aber auch nichts von Freude darüber, daß er von so vielen begrüßt wurde. Er war vielmehr ganz Ebenmaß, gleichsam geleitet von seiner Überlegung, und sicher in seiner eigentümlichen Art. Viele von den Anwesenden, die ein körperliches Leiden hatten, heilte der Herr durch ihn, und andere befreite er von Dämonen. Er verlieh unserem Antonius auch die Freundlichkeit der Rede. Und so tröstete er viele Trauernde, andere, die im Streite miteinander lagen, versöhnte er, so daß sie Freunde wurden" (Athanasius 705).

Antonius zieht sich nun noch tiefer in die Wüste zurück. Aber auch dort bleibt er nicht allein. Sein Beispiel macht Schule. Um das Jahr 300 begegnen wir überall in der Wüste Einsiedlern. Manche sind Schüler des Antonius. Andere sind unabhängig von ihm Mönch geworden. Die Sehnsucht, in der Einsamkeit Gott als Mönch zu suchen, war in dieser Zeit offensichtlich so stark, daß überall „Kellien" entstanden, Mönchszellen, die in einiger Entfernung voneinander lagen. Es war die Zeit, als das Christentum Staatsreligion wurde und die Kraft des Glaubens verflachte. Da wollten die Mönche als „Märtyrer", als Zeugen für den Glauben, radikal Nachfolge Christi leben. So entstand an verschiedenen Orten die Mönchsbewegung.

Sie hatte ihre Wurzeln in den frühchristlichen Asketenkreisen. Die frühe Kirche war insgesamt so weltjenseitig, daß man fast sagen könnte, alle waren damals Mönche. Im 2. Jahrhundert bildeten Asketen die Mitte der Gemeinden, um die sich die Gläubigen scharten, um in der feindlichen Atmosphäre des römischen Reiches als Christen zu bestehen.

Erst um das Jahr 300 läßt sich die Mönchsbewegung beobachten. An verschiedenen Orten zugleich lassen sich Mönche nieder, zuerst in unbewohnten Gegenden, dann in der Wüste. Die Wissenschaftler streiten sich, woraus das Mönchtum entstanden ist. Offensichtlich waren da nicht nur christliche Quellen. Denn die Bibel selbst ruft ja nicht zum Mönchtum auf. Das Mönchtum ist eine allgemein menschliche Bewegung, die sich in allen Religionen findet. Es ist eine Ursehnsucht im Menschen, allein für Gott zu leben, sich durch Askese und Weltflucht für die Schau Gottes zu bereiten, mit Gott eins werden zu dürfen. Die christlichen Mönche folgten dieser Sehnsucht. Aber sie deuteten sie immer schon von der Bibel her und fanden in der Bibel eine Begründung für ihre radikale Christusnachfolge. Dabei spielten auch Vorstellungen der griechischen Philosophie eine Rolle. Manche Gedanken und Praktiken der Mönche gleichen z. B. denen der Pythagoreer. Die Verbindung der Askese mit der Mystik, der Schau Gottes, ist typisch griechisch. Der asketische Wortschatz stammt großenteils „aus der Sprache der hellenistischen Popularphilosophie" (Heussi 292), wie Askese, Anachorese (sich von der Welt zurückziehen), Mönch (Monachos, d. h. einer, der sich absondert), Koinobion (Mönchsgemeinschaft) und viele andere mehr.

Etwa ab dem Jahre 300 zogen sich von überall her Mönche in die Wüste zurück. Sie arbeiteten und beteten dort den ganzen Tag, sie fasteten und übertrafen sich gegenseitig in der Askese. Sie erfanden die Askese nicht, sondern übernahmen in ihr Praktiken, die sie in anderen religiösen Bewegungen vorfanden. Denn ohne die Kenntnis der asketischen Praxis hätte ihr einsames Leben in der Wüste in psychischem Zusammenbruch und Wahnsinn geendet. Die Mönche übernahmen die Weisheit und Erfahrung, die Asketen aus allen Religionen und aus philosophischen Kreisen vorher gesammelt hatten. Nur so konnten sie ihr Leben in beständiger Einsamkeit und Wachheit sowie in ständiger Suche nach Gott so bestehen, daß sie darin eine große Menschenkenntnis erwarben und ein wirkliches Gespür für Gott.

Die Mönchsväter wurden zu den Psychologen der damaligen Zeit. Denn in der Einsamkeit beobachteten sie genau ihre Gedanken und Gefühle und besprachen sie dann am Sonntag, wenn sie zusammenkamen und Eucharistie feierten, mit ihrem Abba, ihrem geistlichen Vater, damit ihr asketisches Ringen nicht in die Irre ging. Sie sprachen über ihre Gedanken und Gefühle, über ihre konkrete Lebensweise und über ihren Weg zu Gott. So entstand die sogenannte Mönchsbeichte, bei der es nicht in erster Linie um die Vergebung der Sünden ging, sondern um die geistliche Begleitung, um die Seelenführung. Es war eine Vorform des therapeutischen Gesprächs, wie es die moderne Psychologie entwickelt hat. Auf jeden Fall pilgerten aus den Städten, ja sogar aus Übersee, aus Rom, zahlreiche Menschen zu den Einsiedlern, die sich der Welt entzogen hatten, um ihren Rat zu suchen. Ähnlich wie heute zahlreiche Wahrheitssucher nach Indien zu den Gurus pilgern, zogen damals von überall her Menschen in die Wüste nach Ägypten. Sie spürten offensichtlich, daß da Menschen wohnen, die etwas vom Menschsein verstehen und von Gott authentisch sprechen, weil sie ihn erfahren haben.

323 gründete Abbas *Pachomios* bei Tabennisi, in der oberägyptischen Wüste, ein Kloster. Während die Einsiedler nur einen losen Zusammenhalt hatten, gründet Pachomius als erster eine Gemeinschaft von Mönchen, die er klar strukturierte. Es bildeten sich große Klöster mit über tausend Mönchen, straff durchorganisiert, Vorbilder für alle Klöster, die dann im Osten wie im Westen allmählich überall entstanden, bis sie in Benedikts Gründung von Montecassino einen geschichtlichen Höhepunkt erlebten. In diesen Klöstern wollte man bewußt den christlichen Glauben in Gemeinschaft leben. Die Sehnsucht nach der Urkirche, nach der Gemeinschaft, in der – so der Evangelist Lukas – alle ein Herz und eine Seele waren und alles gemeinsam hatten (vgl. Apg 4, 32 ff), trieb die Mönche, im Miteinander Gott zu suchen.

Die Gemeinschaft zwischen Arm und Reich, zwischen

den verschiedenen Völkerstämmen, wurde gerade in der Völkerwanderungszeit zu einem Zeichen dafür, daß das Reich Gottes gekommen war. Obwohl die Mönche sich aus der Welt in die Einsamkeit zurückzogen, haben sie dennoch – wie keine andere Kraft der ausgehenden Antike – die Welt geprägt. Gerade *Benedikt von Nursia*, der in der Unstetigkeit der Völkerwanderungszeit ein kleines Kloster auf dem Berg Monte Cassino gründete, wurde zum „Vater des Abendlandes". Die Klöster, die nach seiner Regel lebten, haben mit ihrem Gebet und ihrer Arbeit die Kultur des Abendlandes geformt, sie haben einen ganz bestimmten Stil des Lebens entwickelt, der für lange Zeit Europa prägte.

Schon in der zweiten Hälfte des 4. Jahrhunderts erzählten sich die Mönche die Aussprüche der großen Altväter weiter. Auch wenn die Worte der Väter in einer konkreten Situation und auf eine konkrete Frage hin gesprochen wurden, „so spürte man doch, daß dem Spruch (apophthegma) des vom Geist erfüllten Vaters eine viel weittragendere und allgemeinere Bedeutung zukam. Man stellte kleine Spruchsammlungen her. Nach und nach enstanden umfangreiche Kompilationen, die in der ganzen Christenheit weite Verbreitung fanden. Es gibt allein rund 160 griechische Manuskripte" (Miller 17).

Aus diesen Vätersprüchen wollen wir im folgenden vor allem schöpfen. In ihnen spüren wir, daß sie aus der Erfahrung stammen, daß sie nie theoretisch bleiben. Sie geben Weisung, sie sind voller Weisheit. Allerdings dürfen wir in den Vätersprüchen keine allgemein gültige Maxime des geistlichen Lebens sehen. Denn sie sind immer in eine konkrete Situation hineingesprochen: ein Wort gerade für diesen Fragesteller, ein therapeutischer Weg gerade für diesen Menschen. Daher sind manche Worte einseitig und übertrieben. „Hier werden nun einmal nicht Wahrheiten für jedermann ausgesprochen. Einem bestimmten Menschen in einer bestimmten Situation ist das Wort zugedacht, als Stachel, der ihn anreizen soll, das für ihn im Augenblick Notwendige zu tun – und zwar ab sofort, heute, heute, nur nicht morgen" (Sartory 11).

Was in den Apophthegmen situationsbezogen überliefert worden ist, wurde von *Evagrios Pontikos* (345–399) systematisch beschrieben. Evagrios (oder lat.: Evagrius) war Grieche, gebildeter Theologe, der in eine Beziehungsgeschichte verwickelt aus Konstantinopel flieht und in Ägypten Mönch wird. Von einem Altvater in das Mönchtum eingewiesen, wird er bald zu einem gesuchten geistlichen Vater. Selbst immer wieder angefochten, wurde er zum Fachmann im Umgang mit den Gedanken und Gefühlen, im Kampf mit den Dämonen. Viele Brüder suchen ihn auf und fragen ihn um Rat für ihren geistlichen Kampf. So schreibt Palladios, ein Schüler des Evagrios: „Seine Gewohnheit war die folgende: Die Brüder versammelten sich bei ihm am Samstag und Sonntag. Während der ganzen Nacht besprachen sie mit ihm ihre Gedanken. Sie lauschten seinen machtvollen Worten, bis das Licht aufging. Dann gingen sie voll Freude von dannen und lobten Gott. Denn wahrlich, seine Unterweisung war sehr sanft" (Bunge 48).

Auf Wunsch vieler Gottsucher beschreibt Evagrius seine Erfahrungen und gibt so vielen Mönchen Orientierung in ihrem spirituellen Ringen. Seine Schriften sind immer Gelegenheitsschriften, für bestimmte Bittsteller verfaßt. Palladios schreibt über seine Bücher: „Sein Intellekt war sehr rein geworden, und er ward der Gnade der Weisheit, der Erkenntnis und der Unterscheidung gewürdigt, indem er die Werke der Dämonen unterschied. Er war sehr versiert in den Heiligen Schriften und in den rechtgläubigen Lehren der katholischen Kirche. Von seinem Wissen, seiner Erkenntnis und seinem erlesenen Verstand zeugen die Bücher, die er geschrieben hat" (Bunge 52 f).

Die Schriften des Evagrios wurden über die Jahrhunderte hinweg die geistige Grundlage der Mönche. Leider geriet Evagrios in den antiorigenistischen Streitigkeiten in Verruf, so daß seine Schriften von der Kirche verboten wurden. Die Mönche halfen sich damit, daß sie viele seiner Bücher dem *hl. Nilus* unterschoben. So wurden sie trotz kirchlicher Zensur immer die Richtschnur für das monastische Leben. Im Westen hat Cassian, ein Schüler des Evagrios, mit seinen beiden Büchern dafür gesorgt, daß die Weisheit des Evagrios auch für uns erhalten blieb. Cassian war – nach der Bibel – die am weitest verbreitete Lektüre des Mittelalters. Im folgenden sollen einige Aspekte der Spiritualität, wie sie uns in den Apophthegmen, bei Evagrios, Cassian und andern Mönchsschriftstellern begegnen, dargelegt und für unsere Zeit fruchtbar gemacht werden.

1 Spiritualität von unten

Die Spiritualität, die uns die moralisierende Theologie der Neuzeit vermittelt hat, setzt von oben an. Sie stellt uns hohe Ideale vor Augen, die wir erreichen sollen. So ein Ideal ist die Selbstlosigkeit, die Selbstbeherrschung, die ständige Freundlichkeit, die selbstlose Liebe, die Freiheit von Zorn und die Überwindung der Sexualität. Die Spiritualität von oben hat sicher ihre positive Bedeutung für junge Menschen, da sie sie herausfordert und ihre Kraft testet. Sie treibt sie an, über sich hinauszuwachsen und nach Zielen zu streben. Aber sie bringt uns auch oft dazu, daß wir unsere eigene Realität überspringen. Wir identifizieren uns so sehr mit den Idealen, daß wir unsere eigenen Schwächen und Grenzen verdrängen, weil sie dem Ideal nicht entsprechen. Das führt zur Spaltung. Spaltung aber macht krank. Sie offenbart sich bei uns oft in dem Zwiespalt zwischen Ideal und Wirklichkeit. Weil wir nicht zugeben können, daß wir dem Ideal nicht entsprechen, projizieren wir unser Unvermögen auf die andern. Wir werden dann hart gegen andere.

Es ist ja erstaunlich, daß gerade sehr fromme Menschen oft recht brutal reagieren, wenn etwa ein Theologe eine etwas andere Ansicht äußert. Als man zum Beispiel in Würzburg vom bischöflichen Ordinariat eine Kunstausstellung zum Thema „Mensch Maria" organisierte, da wurde selbst der Bischof unflätig und brutal angegriffen. Brutalität aber ist oft verdrängte Sexualität. Diese Menschen meinen, sie würden die Frömmigkeit verteidigen. In Wirklichkeit agieren sie recht unfromm und militant. Solche Vertreter einer Spiritualität von oben merken dann gar nicht, wie sie unterhalb der Gürtellinie argumentieren.

Die Wüstenväter lehren uns eine Spiritualität von unten. Sie zeigen, daß wir bei uns und unseren Leidenschaften anfangen müssen. Der Weg zu Gott führt bei den Wüstenvätern immer über die eigene Selbsterkenntnis. Evagrius Ponticus formuliert es einmal so: „Willst du Gott erkennen, lerne vorher dich selber kennen!" Ohne Selbsterkenntnis sind wir immer in Gefahr, daß unsere Gedanken von Gott reine Projektion sind. Es gibt auch Fromme, die vor ihrer eigenen Realität in die Frömmigkeit flüchten. Sie werden durch ihr Beten und Frommsein nicht verwandelt, sondern sie benutzen die Frömmigkeit, um sich über andere zu erheben, um sich in ihrer Unfehlbarkeit zu bestätigen.

Bei den Mönchsvätern begegnet uns eine ganz andere Form der Frömmigkeit. Da sind vor allem Ehrlichkeit und Echtheit gefragt. Das aber führt zu einem liebevollen Verständnis für alle, die nicht den gleichen Weg gehen. *Poimen*, ein bewährter Altvater, weist einen großen Theologen auf die Spiritualität von unten hin. Der berühmte Theologe möchte gerne mit dem Altvater Poimen über das geistliche Leben sprechen, über himmlische Dinge, über den dreifaltigen Gott. Doch Poimen hört sich das an, ohne zu antworten. Ärgerlich schickt der Theologe sich an, den Mönchsvater zu verlassen. Da geht sein Begleiter zu Poimen und sagt: „Vater, deinetwegen kam dieser große Mann, der in seiner Gegend ein so großes Ansehen besitzt. Warum hast du denn nicht mit ihm gesprochen?" Der Greis gab zur Antwort: „Er wohnt in den Höhen und spricht Himmlisches, ich aber gehöre zu denen drunten und rede Irdisches. Wenn er von den Leidenschaften der

Seele gesprochen hätte, dann hätte ich ihm wohl Antwort gegeben. Wenn er aber über Geistliches spricht, so verstehe ich das nicht" (Apo 582).

Der Theologe geht von einer Spiritualität von oben aus. Er spricht gleich von Gott und von geistlichen Dingen. Für Poimen beginnt der spirituelle Weg bei den Leidenschaften der Seele. Sie muß man erst beobachten, mit ihnen muß man kämpfen. Dann erst versteht man etwas von Gott. Ja, der Umgang mit den Leidenschaften ist für ihn der Weg zu Gott.

Die Begegnung des Theologen mit Poimen endet so, daß Poimens Schüler zum verärgerten Gast sagt: "'Der Greis redet nicht leicht von der Schrift, aber wenn jemand mit ihm von den Leidenschaften der Seele spricht, dann gibt er ihm Antwort.' Er besann sich und ging zu ihm hinein und sprach zu ihm: 'Was soll ich tun, wenn die Leidenschaften der Seele über mich Macht gewinnen?' Da achtete der Greis freudig auf ihn und sagte: 'Jetzt bist du richtig gekommen, nun öffne deinen Mund für diese Dinge, und ich werde ihn mit Gütern füllen.' Der aber hatte großen Nutzen und sagte: 'Wahrhaftig, das ist der rechte Weg!' Und mit Dank gegen Gott kehrte er in sein Land zurück, weil er gewürdigt worden war, mit einem solchen Heiligen zusammenzutreffen" (Apo 582). Jetzt, da sie von den Leidenschaften der Seele reden, wird ihr Gespräch ehrlich, und sie berühren einander in ihrem Herzen, und sie rühren gemeinsam an Gott, der auf einmal spürbar wird in ihrer Mitte, der ihnen als Ziel ihres Weges vor Augen liegt.

Von Abba *Antonios* wird das Wort überliefert: "Wenn du siehst, daß ein junger Mönch mit seinem eigenen Willen nach dem Himmel strebt, halte seine Füße fest, ziehe ihn nach unten, denn es hat für ihn keinen Nutzen" (Smolitsch, 32).

Es tut jungen Menschen nicht gut, zu früh zu meditieren, zu früh den Weg der Mystik zu gehen. Sie müssen sich erst mit ihrer eigenen Realität auseinandersetzen. Sie müssen ihre Leidenschaften anschauen und mit ihnen kämpfen. Dann erst können sie sich auf den inneren Weg machen, dann erst können sie ihr Herz ganz und gar an Gott festmachen. Heute gibt es viele, die zu früh von spirituellen Wegen fasziniert sind. Sie meinen, sie könnten diese Wege gehen, ohne vorher den beschwerlichen Weg der Selbsterkenntnis, der Begegnung mit den eigenen Schattenseiten, gegangen zu sein. Die Mönche warnen uns vor einer himmelstürmenden Spiritualität. Allzu leicht wird es uns wie dem Ikarus ergehen, der sich aus Wachs Flügel baute und dann abstürzte, als er der Sonne zu nahe kam. Die Flügel, die wir uns bauen, bevor wir unserer eigenen Wirklichkeit begegnet sind, sind nur aus Wachs. Sie tragen nicht. Die Amerikaner nennen den Weg dieser spirituellen Überflieger „spiritual bypassing", spirituelle Abkürzung. Es ist eine große Gefahr, daß wir die Meditation dazu benutzen, den Problemen aus dem Weg zu gehen, die wir eigentlich lösen müßten, etwa die Probleme unserer verdrängten Sexualität, unserer unterdrückten Aggressionen und unserer Ängste. Wenn daher junge Menschen zu fromme Gedanken äußern, versuche ich immer, den andern Pol mit ihnen anzuschauen: den konkreten Alltag, die Arbeit, die Schule, das Studium. Ich lehne ihre frommen Gedanken und Wege nicht ab und mache sie nicht lächerlich. Denn das steht mir nicht zu. Dafür ist viel zu viel echte Sehnsucht in ihrer Frömmigkeit. Aber es ist wichtig, daß ihre Frömmigkeit geerdet wird, daß sie den Alltag und die Arbeit durchdringt.

Der hl. *Benedikt* hat diese Spiritualität von unten beschrieben in seinem Kapitel über die Demut, über die „humilitas". Er nimmt die Jakobsleiter als Bild für unsern Weg zu Gott. Das Paradox unseres spirituellen Weges besteht darin, daß wir zu Gott aufsteigen, indem wir in unsere eigene Wirklichkeit hinabsteigen. So versteht er Jesu Wort: „Wer sich selbst erniedrigt, wird erhöht werden" (Lk 14,11; 18,14).

Durch das Hinabsteigen in unsere Erdhaftigkeit (humus – humilitas) kommen wir in Berührung mit dem Himmel, mit Gott. Indem wir den Mut finden, in die eigenen Leidenschaften hinabzusteigen, führen sie uns zu Gott hinauf. Diese Demut wurde von den Mönchsvätern deshalb so gepriesen, weil sie der niedere Weg zu Gott ist, der Weg über die eigene Wirklichkeit zum wahren Gott. Der Himmelsstürmer begegnet nur seinen eigenen Bildern von Gott, seinen eigenen Projektionen.

Isaak von Ninive hat ebenfalls das Bild von der Jakobsleiter als ein Bild für das Aufsteigen zu Gott durch Hinabsteigen gesehen: „Bestrebe dich, in die Schatzkammer, welche in deinem Inneren ist, einzugehen, so wirst du die himmlische sehen! Denn jene und diese ist eine und dieselbe. Durch ein Hineingehen wirst du beide schauen! Die Leiter zum Himmelreiche ist in dir verborgen in deiner Seele. Tauche von der Sünde hinweg in dich selbst unter, so wirst du dort Stiegen finden, auf welchen du hinaufsteigen kannst" (Isaak 302).

Wir müssen durch die Sünde hindurch in unsern tiefsten Grund eintauchen. Dann werden wir von ganz unten zu Gott aufsteigen können. Der Aufstieg zu Gott entspricht der Ursehnsucht des Menschen. Gerade die platonische Philosophie kreist darum, daß der Mensch in seinem Geist aufsteigt zu Gott. Die Kirchenväter sehen in Jesus Christus, der zuerst hinabgestiegen ist, bevor er in den Himmel aufgestiegen ist (vgl. Eph 4,9), ein anderes Modell für unseren Aufstieg zu Gott. Wie Jesus müssen wir zuerst hinabsteigen in unsere Menschlichkeit, bevor wir gemeinsam mit ihm aufsteigen dürfen zu Gott.

Nur der Demütige, der bereit ist, seinen humus, seine Erdhaftigkeit, seine Menschlichkeit, seinen Schatten, anzunehmen, wird den wirklichen Gott erfahren. So hören wir immer wieder das Lob der Demut. Die Demut ist der Weg zu Gott, und sie ist das deutlichste Kennzeichen für einen Menschen, der gottgemäß geworden ist. *Amma Theodora* sagt: „Weder Askese noch Nachtwache noch irgendein mühsames Werk verschaffen Rettung, sondern nur aufrichtige Demut ... Siehst du, daß die Demut ein Besieger der Dämonen ist!" (Miller 6). Und der Teufel, der sich in der Askese mit *Makarius* mißt, muß bekennen: „‚Nur in einem bist du mir überlegen.' Da fragte Abbas Makarios: ‚Und was ist das?' Jener antwortete: ‚Deine Demut. Und deshalb komme ich nicht gegen dich an'" (Miller 11). Und *Poimen* sagt: „Der Mensch bedarf der Demut und der Gottesfurcht wie des Atems, der seiner Nase entströmt" (Miller 49).

Demut ist für die Mönche der Mut zur Wahrheit, der Mut, seine eigene Erdhaftigkeit, seine Menschlichkeit anzunehmen. Die Mönche testen einander in der Demut, um zu erfahren, ob einer wirklich ein Mann Gottes ist. „Ein Mönch wurde von den Brüdern vor Antonios gelobt. Da nahm er ihn vor und stellte ihn auf die Probe, ob er Beleidigungen ertragen könne. Als er feststellen mußte, daß er sie nicht ertrug, sagte er zu ihm: Du gleichst einem Dorf, das zwar vorne schön geschmückt ist, hinten jedoch von Räubern verwüstet wird" (Apo 15).

„Die selige Synkletika sagte: So wie es unmöglich ist, ein Schiff zu bauen ohne Nägel, so kann auch ein Mensch ohne Demut nicht selig werden" (Apo 1063). Die Demut ist der Test auf ein Leben aus dem Geist Gottes, sie ist aber auch der Grund, auf dem der Mönch sein Leben aufbaut. Ohne Demut ist er immer in Gefahr, Gott für sich zu vereinnahmen. Die Demut ist die Voraussetzung, daß er Gott Gott sein läßt, daß er ein Gespür für den ganz anderen Gott entwickelt. Je näher ein Mensch Gott kommt, desto demütiger wird er. Denn dann spürt er, daß er als Mensch von Gottes Heiligkeit weit entfernt ist. Die Demut ist die Antwort auf die Erfahrung Gottes.

Manchmal sprechen die Mönche auch davon, daß wir die Demut lernen können: „Ein Greis wurde gefragt: ‚Was ist die Demut?' Und er antwortete: ‚Die Demut ist ein großes, ja göttliches Werk! Der Weg zur Demut ist aber dieser: Man soll körperliche Arbeit leisten, man soll sich selbst für einen sündigen Menschen halten, man soll sich allen unterwerfen.' Der Bruder fragte: ‚Was heißt das, allen unterworfen sein?' Der Greis erwiderte: ‚Das heißt, allen unterworfen sein, wenn einer nicht auf die Fehler des anderen achtet, sondern vielmehr die eigenen betrachtet, und wenn einer ohne Unterbrechung zu Gott fleht'" (Apo 1083).

Der Altvater gibt somit konkrete Übungen an, wie der Mönch Demut lernen kann. Für uns scheinen diese Übungen zu negativ zu sein. Doch letztlich geht es in ihnen darum, die eigene Wahrheit anzuschauen und anzunehmen, anstatt sich um die Sünden der anderen zu kümmern. Und Demut bedeutet, daß ich im Verborgenen Christus nachfolge und nicht vor allen herausposaune, was ich Gutes tue. So sagt ein Altvater: „Wie ein Schatz, den man einmal geöffnet hat, vermindert wird, ebenso vermindert sich eine veröffentlichte Tugend. Denn wie Wachs am Feuer schmilzt, so fällt auch die Seele von ihrer reinen Meinung ab, wenn sie vom Lob aufgelöst worden ist" (Apo 1054). Und ein anderer Mönchsvater: „Es ist unmöglich, daß Pflanze und Same zu gleicher Zeit hervorgebracht werden. Ebenso unmöglich ist es, so fügte er bei, daß wir Lob und

Ruhm der Welt genießen und dennoch zu gleicher Zeit auch Früchte für den Himmel hervorbringen" (Apo 1053). In uns kann die Frucht des Heiligen Geistes nur dann wachsen, wenn wir darauf verzichten, sie allen zu zeigen und vor allen damit anzugeben.

Die Spiritualität von unten zeigt uns, daß wir über die genaue Selbstbeobachtung und die ehrliche Selbsterkenntnis zu Gott kommen. Was Gott von uns will, das erkennen wir nicht in den hohen Idealen, die wir uns machen. Denn darin drückt sich oft nur unser Ehrgeiz aus. Wir wollen hohe Ideale erreichen, um besser vor andern und vor Gott dazustehen. Die Spiritualität von unten meint, daß ich Gottes Wille mit mir, daß ich meine Berufung nur entdecken kann, wenn ich den Mut habe, in meine Realität hinabzusteigen, mich mit meinen Leidenschaften, mit meinen Trieben, mit meinen Bedürfnissen und Wünschen, zu beschäftigen, und der Weg zu Gott führt über meine Schwächen, über meine Ohnmacht. In meiner Ohnmacht erkenne ich, was Gott mit mir vorhat, was er aus mir formen kann, wenn er mich ganz mit seiner Gnade erfüllt.

Die Spiritualität von oben reagiert z. B. auf die Wut, die in mir aufkommt, indem sie sie unterdrückt oder verdrängt: ,Die Wut darf nicht sein. Als Christ muß ich immer freundlich und ausgeglichen sein. Da muß ich meine Wut beherrschen.' Die Spiritualität von unten würde bedeuten, daß ich meine Wut befrage, was Gott mir darin sagen möchte. Vielleicht weist mich meine Wut auf eine tiefe Verletzung hin. Vielleicht begegne ich in meiner Wut dem verletzten Kind in mir, das mit ohnmächtiger Wut auf die Verletzung durch Eltern oder Lehrer reagiert. Vielleicht zeigt mir meine Wut, daß ich andern zuviel Macht über mich gegeben habe. Dann wäre die Wut die Kraft, mich von der Macht der andern zu befreien, um so offen zu werden für Gott. Die Wut ist dann nicht von vorneherein schlecht, sondern sie wird für mich zum Wegweiser zu meinem wahren Selbst.

Durch meine Wut komme ich in Berührung mit der Quelle meiner Energie, in der Gottes Geist selbst in mir sprudelt. Und so führt mich meine Wut zu Gott, der mir Leben schenken möchte. Die Wut wehrt sich gegen alles, was mir das Leben Gottes nehmen möchte. Dort, wo mein größtes Problem liegt, da liegt auch die größte Chance, da liegt auch mein Schatz. Da komme ich in Berührung mit meinem wahren Wesen. Da möchte etwas lebendig werden, etwas aufblühen.

Der Weg zu Gott führt über die Begegnung mit mir selbst, über das Hinabsteigen in meine Wirklichkeit.

Ich habe eine Schwester begleitet, die oft depressiv wurde. Immer wenn sie eine Mitschwester übersah oder kritisierte, fiel sie in ein Loch. Sie hatte gehofft, durch Meditation frei zu werden von ihrer Empfindlichkeit und Depressivität. Aber in der Begleitung wurde deutlich, daß dies ihr Wille war. Sie wollte Gott dazu benutzen, daß er sie besser vor sich und den andern dastehen läßt, daß sie endlich frei wird von ihrer Empfindlichkeit. Sie wollte Gott für sich benutzen und wollte auf dem Weg zu Gott an ihrer Depressivität vorbeikommen. Aber in den Gesprächen wurde ihr immer klarer, daß das ein Irrweg war. Und sie entdeckte, daß sie vielmehr über ihre Traurigkeit zu Gott findet. Wenn sie sich in ihre depressiven Gefühle hineinläßt, wenn sie in Berührung kommt mit ihrer Ohnmacht, ihre Empfindlichkeit zu überwinden, wenn sie zugibt, daß sie die Mitschwester tief verletzt hat, daß es einfach nur weh tut, dann kann sie auf dem Grund dieser Gefühle, auf dem Grund ihrer Ohnmacht auf einmal einen tiefen Frieden erfahren. Dann kann sie sich in Gott hineinfallen lassen. Sie spürt, daß sie ihre Empfindlichkeit gar nicht überwinden muß. Sie darf sein. Sie gibt den Kampf auf und ergibt sich in Gott hinein. Das macht sie wirklich frei. Da begegnet sie nun dem wirklichen Gott, dem Gott, der sie aus der Tiefe herausholt, der sie aus tiefstem Schlamm zieht, dem Gott, der mit ihr geht durch Feuer und Wasser. Da wird sie auf einmal im ihrem Herzen von Gott berührt. Da fallen alle eigenen Vorstellungen von Gott ab, und der wirkliche Gott wird spürbar als der Gott, der sie trägt, befreit – und liebt.

Dorotheus von Gaza sagt einmal: „Dein Abfall, sagt der Prophet (Jer 2, 19), wird dein Erzieher sein" (Dorotheus 41). Dort, wo wir gefallen sind, wo wir abgefallen sind von Gott, dort lernen wir eine Lektion, wie sie uns unsere Tugenden nicht zu lehren vermögen. Gerade dort, wo wir unserer eigenen Ohnmacht begegnen, werden wir offen für Gott. Gott erzieht uns gerade auch durch unser Versagen, durch unseren „Abfall". Da führt er uns auf den Weg der Demut, der allein zu Gott führt.

Dorotheus glaubt gerade dann, wenn wir fallen, daran: „Nichts geschieht ohne Gott ... Gott wußte, daß es so für meine Seele gut sei, und darum kam es so. Denn unter allem, was Gott geschehen läßt, gibt es nichts Unzweckmäßiges; alles ist im Gegenteil überall sinnvoll und zweckentsprechend" (157 f): Alles hat einen Sinn, auch meine Leidenschaften, auch meine Sünden. Sie weisen mich stärker als meine Disziplin auf Gott als den einzigen Garanten eines gelungenen Lebens. Ich kann für mich nicht garantieren. Ich werde immer wieder fallen. Gott aber führt mich den Weg zu seiner Herrlichkeit über alle Klippen, über allen Abfall hinweg.

Im folgenden sollen einige Aspekte dieser Spiritualität von unten, wie sie die frühen Mönche gelebt haben, aufgezeigt werden. Dabei ist es mir wichtig, die Themen dieser Spiritualität immer wieder auf unsere Zeit hin auszulegen. Auf den ersten Blick sind uns viele Worte der Altväter fremd und vielleicht auch hart und herb. Aber wenn wir genauer hinschauen und hinhören, dann führen sie uns in eine Welt der Liebe und der Barmherzigkeit, der Wahrheit und der Freiheit, sie weisen uns ein in das Geheimnis Gottes und des Menschen. Sie sind deshalb mystagogisch, hinführend in das Geheimnis, und nicht moralisierend, pochend auf die Korrektheit.

Nach einigen typischen Themen in den Vätersprüchen wollen wir uns den systematischen Darlegungen des *Evagrios Pontikos* zuwenden, der die Spiritualität der Wüstenväter zusammenfassend darstellt.

2 Bei sich selbst bleiben

Immer wieder raten die Altväter, im Kellion zu bleiben, sich selbst auszuhalten und nicht vor sich davonzulaufen. „Stabilitas", die Beständigkeit – das Sich-Aushalten, das Bei-sich-Bleiben – ist die Bedingung für jeden menschlichen und geistlichen Fortschritt. Der hl. *Benedikt* sieht in der stabilitas, in der Beständigkeit, im Bleiben, das Heilmittel für die Krankheit seiner Zeit, der Zeit der Völkerwanderung, der Unsicherheit, der ständigen Bewegung. Stabilitas heißt für ihn Bleiben in der Gemeinschaft, in die man eintritt. Und sie bedeutet für ihn, daß der Baum sich einwurzeln muß, um wachsen zu können. Das ständige Verpflanzen hemmt nur seine Entwicklung.

Stabilitas heißt aber zuerst: bei sich bleiben, sich in seinem Kellion vor Gott aushalten. So sagt Abba *Serapion*: „Kind, wenn du Nutzen haben willst, dann halte in deinem Kellion aus, achte auf dich und deine Handarbeit. Denn das Herausgehen bringt dir für den Fortschritt nicht den Nutzen wie das Stillsitzen" (Apo 878).

Kellion bezeichnet die Behausung des Mönches, einen kleinen Raum, den er für sich erbaut hat und in dem er normalerweise die ganze Zeit über bleibt. Dort sitzt er betend und meditierend. Dort arbeitet er auch und verbringt seine Zeit damit, Körbe zu flechten, die er einmal im Monat auf dem Markt verkauft. Den Ratschlag, nur ja nicht vor sich selbst zu fliehen, sondern in seinem Kellion zu bleiben, finden wir in immer neuen Variationen: „Ein Bruder kam in die Sketis zum Altvater Moses und begehrte von ihm ein Wort. Der Greis sagte zu ihm: ‚Fort, geh in dein Kellion und setze dich nieder, und das Kellion wird dich alles lehren'" (Apo 500). „Jemand sagte zum Altvater Arsenios: ‚Meine Gedanken quälen mich, indem sie mir sagen: Du kannst nicht fasten und auch nicht arbeiten, so besuche wenigstens die Kranken; denn auch das ist Liebe.' Der Greis aber, der den Samen der Dämonen kannte, sagte zu ihm: ‚Geh und iß, trinke und schlafe und arbeite nicht, nur verlaß dein Kellion nicht!' Er wußte nämlich, daß das Ausharren im Kellion den Mönch in seine rechte Ordnung bringt" (Apo 49).

Der Mönch kann alles tun. Er braucht gar keine Askese zu üben. Er braucht auch nicht zu beten, wenn er nur in seinem Kellion bleibt. Dann wird sich in ihm etwas verwandeln, dann wird er innerlich in Ordnung kommen. Er wird konfrontiert mit all dem inneren Chaos, das in ihm auftaucht. Und er verzichtet darauf, davor fortzulaufen.

Es genügt aber nicht, einfach nur in seinem Kellion zu sitzen. Von Abbas *Ammonas* wird das Wort überliefert: „Es könnte einen geben, der hundert Jahre in einem Kellion sitzt, ohne zu lernen, wie man im Kellion sitzen soll" (Apo 670). Aber wie soll denn der Mönch in seinem Kellion sitzen? Ist hier die äußere Körperhaltung gemeint, ein ganz bestimmter Meditationssitz, der einen wachhält? Oder geht es um die innere Haltung beim Sitzen im Kellion?

Vermutlich meint Abbas Ammonas die Haltung der Stabilitas, der Beständigkeit. Es ist kein Sitzen, in dem ich in Tagträume flüchte, in dem ich dahindöse, sondern ein Sitzen, in dem ich vor Gott sitze und mich vor ihm aushalte. Im Sitzen bleibe ich unbeweglich. Auch wenn sich in mir noch soviel bewegt, auch wenn da Gedanken hin- und herstürmen, ich bleibe unbewegt. Ich halte stand. Und durch die äußere Ruhe wird sich auch der Sturm der Gedanken und Gefühle legen.

Die innere Haltung, in der der Mönch in seiner Zelle sitzen soll, beschreibt ein anderer Altvater in einem drastischen Bild: „Wenn du in der Wüste als Hesychast (als einer, der Ruhe übt, meditiert) weilst, bilde dir nicht ein, daß du etwas Großes tust, sondern halte dich vielmehr wie einen Hund, den man von der Menge weggejagt und angebunden hat, da er beißt und die Menschen belästigt" (N 573). Der Mönch bleibt nicht in seiner Zelle sitzen, weil er sich für besser hält als die Menschen in der Welt. Vielmehr zieht er sich in sein Kellion zurück, um die Welt vor sich selbst zu schützen. Es ist eine Art geistiger Umweltschutz, den er da betreibt. Er entsorgt die Welt an der kleinen Stelle seines Kellions von Groll und Zorn und stiftet so ein Stück reinere Atmosphäre, eine Atmosphäre von Liebe und Barmherzigkeit.

Die Mönche wissen um die Gefahr der Zerstreuung. Es gibt auch die geistliche Zerstreuung, in der man sich viele Gedanken über Gott und über das geistliche Leben macht. Aber vor lauter Gedanken berührt man nie wirklich Gott. Das Bleiben in der Zelle, das Sich-selbst-Aushalten ist die Voraussetzung für jeden geistlichen Fortschritt, aber auch für menschliche Reife. Es gibt keinen reifen Menschen, der nicht den Mut hatte, sich selbst auszuhalten und seiner eigenen Wahrheit zu begegnen. Eine Vätererzählung vergleicht das Bleiben in der Zelle mit dem ruhigen Wasser, in dem man sein Gesicht klarer erkennen kann: „Drei Studierende, die sich liebten, wurden Mönche, und jeder von ihnen nahm sich ein gutes Werk vor. Der erste erzählte dies: Er wollte Streitende zum Frieden zurückführen, nach dem Wort der Schrift: Selig sind die Friedfertigen. Der zweite wollte Kranke besuchen. Der dritte ging in die Wüste, um dort in Ruhe zu leben. Der erste, der sich um die Streitenden mühte, konnte doch nicht alle heilen. Und von Verzagtheit übermannt, ging er zum zweiten, der den Kranken diente, und fand auch den in gedrückter Stimmung. Denn auch er konnte sein Vorhaben nicht ganz ausführen. Sie kamen daher beide überein, den dritten aufzusuchen, der in die Wüste gegangen war, und sie erzählten ihm ihre Nöte und baten ihn, er möge ihnen aufrichtig sagen, was er gewonnen habe. Er schwieg eine Weile, dann goß er Wasser in ein Gefäß und sagte ihnen, sie sollten hineinschauen. Das Wasser war aber noch ganz unruhig. Nach einiger Zeit ließ er sie wieder hineinschauen und sprach: ‚Betrachtet nun, wie ruhig das Wasser jetzt geworden ist.' Und sie schauten hinein und erblickten ihr Angesicht wie in einem Spiegel. Darauf sagte er weiter: ‚So geht es dem, der unter den Menschen weilt: Wegen der Unruhe und Verwirrung kann er seine Sünden nicht sehen. Wer sich aber ruhig hält und besonders in der Einsamkeit, der wird bald seine Fehler einsehen'" (Apo 987).

Hier wird nicht die Nächstenliebe verurteilt. Es wird vielmehr die Gefahr deutlich, die im Helfenwollen stecken kann. Da meinen wir, wir könnten der ganzen Welt helfen. Dahinter steckt jedoch oft ein Omnipotenzgefühl. Bei allem, was wir tun, braucht es immer wieder auch das Aushalten, das Bleiben in der Zelle und das Schweigen. Dadurch wird das Wasser in unserem Gefäß ruhig, und wir können unsere Wahrheit in ihm erkennen.

Es sind immer zwei Aspekte, die das Bleiben in der Zelle bewirken sollen: die Selbsterkenntnis und das ganz und gar auf Gott- Bezogensein. „Abbas Antonius sagte: Es ist sehr gut für uns, daß wir in unserer Zelle Zuflucht suchen und daß wir viel über uns selbst während unseres Lebens nachdenken, bis wir wissen, welcher Art wir sind. Wenn du in der Zelle aushältst, dann hast du acht auf deinen Tod.

Wenn du beständig Tag und Nacht betest, dann erwartest du deinen Tod" (Am 35, 13, III 147).

„Ein Bruder fragte Abbas Antonius: Wie soll man sitzend in der Zelle bleiben, mein Vater? Der Alte antwortete: ‚Das, was den Menschen sichtbar ist, ist das Fasten bis zum Abend, jeden Tag, das Wachen und die Meditation. Doch das, was den Menschen verborgen bleibt, ist die Geringschätzung deiner selbst, der Kampf gegen die schlechten Gedanken, die Sanftheit, die Betrachtung des Todes und die Demut des Herzens, Fundament alles Guten'" (Am 37, 12, III 148).

„Abbas Makarius der Große sagte: ‚Das, was für den Mönch notwendig ist, der in der Zelle sitzt, ist, daß er in sich seinen Verstand sammelt fern von allen Sorgen der Welt, ohne ihn in den Eitelkeiten dieser Welt herumvagabundieren zu lassen, daß er auf ein einziges Ziel ausgestreckt sei, sein Denken ständig auf Gott allein richtet, jederzeit ohne Zerstreuung bleibt, keine weltliche Zerstreuung in sein Herz läßt, weder fleischliche Gedanken, noch Sorge um die Eltern, noch Trost von seiner Familie, sondern daß sein Geist und sein ganzer Sinn in der Gegenwart Gottes sich hält, um so das Wort des Apostels zu erfüllen: Damit die Jungfrau ganz nahe beim Herrn sei, völlig frei von Zerstreuung'" (1 Kor 7, 35; Am 170, 7 III 175).

Blaise Pascal hat 1400 Jahre später die Ursache der menschlichen Misere darin gesehen, daß es keiner mehr mit sich allein in seinem Zimmer aushalte. Sich nicht mehr auszuhalten, von einem zum andern zu hüpfen, das ist heute üblich. Man kann sich so gut zerstreuen. Man braucht nur alle Programme des Fernsehers durchzuspielen. Aber was geschieht da in der Seele? Es kann nichts mehr reifen, nichts mehr wachsen. Es geschieht keine Wahrheit. Reifung braucht Ruhe. Das Kellion führt uns in die Wahrheit. Es konfrontiert uns mit der eigenen Wahrheit. Das aber ist die Voraussetzung jeder menschlichen Reifung. Es ist auch die Bedingung für ein gutes Miteinander.

Für die frühen Mönche ist aber die Selbstbegegnung zugleich Voraussetzung jeder echten Gottesbegegnung. Unsere Frömmigkeit leidet, wenn wir uns aus dem Weg gehen. Bei vielen frommen Menschen spürt man, daß sie mit ihrer Frömmigkeit der eigenen Wahrheit ausweichen wollen. Sie flüchten sich in fromme Gedanken und Gefühle, um nur ja nicht sich selbst begegnen zu müssen. Bei vielen Frommen ist da eine Angst vor der Selbstbegegnung. Das drückt sich häufig in der Angst vor der Psychologie aus. Man schimpft über das psychologische Kreisen um die eigene Seele und setzt dagegen die Liebe zu Gott.

Aber oft hat man den Eindruck, daß es hier mit der Liebe zu Gott auch nicht so weit her ist, daß dieses Schimpfen gegen die Psychologie die Frömmigkeit nicht vertieft, sondern nur der Angst vor der eigenen Wahrheit entspringt. In geistlichen Gesprächen spüre ich oft, daß die frommen Gedanken zwar gut gemeint sind, daß sie aber nicht wirklich stimmen. Der andere flüchtet sich in diese Gedanken, in die fromme Argumentation. Aber er hat nicht den Mut, den eigenen Gedanken ins Auge zu sehen.

Die Spiritualität der Mönche ist ehrlich. Sie überspringt die menschliche Realität nicht. Der Weg zu Gott geht vielmehr über die Selbstbegegnung. Die Mönche sprechen nicht über Gott, sie erfahren ihn. Sie nehmen alle Möglichkeiten der Zerstreuung weg, um den Geist ganz und gar auf Gott zu richten. Wenn ich in der Zelle bleibe, ohne etwas zu tun, ohne mir fromme Gedanken zu machen, ohne etwas zu lesen, dann spüre ich, was Wirklichkeit ist. Ich kann mir da nichts mehr vormachen, weder über mich selbst noch über meine Beziehung zu Gott.

Ich kann über die Beziehung zu Gott gut reden und schreiben. Aber wenn mir alles aus der Hand genommen ist und ich wirklich einfach vor Gott sitze, dann kommt zuerst das Gefühl auf, daß alles langweilig ist, oder die Ahnung, daß das ja alles nicht stimmt, was ich über Gott sage. Wenn ich dieses Gefühl aushalte, wenn ich nicht gleich darüber nachdenke, um etwas schreiben zu können, sondern einfach dabeibleibe, dann kommt etwas in Bewegung, dann berühre ich die Wahrheit. Die Wahrheit ist zuerst schonungslos, aber auch befreiend.

So ist das Bleiben in der Zelle ein Test auf die Wirklichkeit, ein Test, ob mein Leben stimmt, ein Test, ob mein Gottesbild stimmt und ob meine Liebe zu Gott echt ist. In der Zelle habe ich keine Möglichkeit mehr, mich abzulenken, in Tätigkeiten zu flüchten, in Tagträume auszuweichen. Da muß ich mich stellen. Da rückt mir Gott auf den Leib. Und er stellt alles in Frage, was ich mir so ausgedacht habe über ihn und über mein Leben.

Im Mittelalter haben die Mönche immer wieder das Lob der Zelle gesungen. Da gibt es den Satz: „Cella est coelum", die Zelle ist der Himmel, in dem sich der Mönch vertraut mit Gott unterhält, in der Gottes Gegenwart ihn einhüllt. Dann gibt es den Satz: „Cella est valetudinarium", die Zelle ist ein Raum, in dem ich gesund werden kann. Es ist ein heiler Raum, ein heilspendender Raum, weil Gottes liebende und heilende Nähe darin zu spüren ist. Aber ich kann diese positive Erfahrung der Zelle nur machen, wenn ich auch dann in meiner Zelle bleibe, wenn alles in mir dagegen rebelliert, wenn ich voller Unruhe bin. Wenn ich diese erste Phase überwunden habe, dann kann es sein, daß ich die Zelle als Himmel erfahre, daß sich da über mir der Himmel öffnet, daß meine enge Zelle die Weite des Himmels atmet, weil Gott selbst darin wohnt.

3 Wüste und Versuchung

Ein großes Thema im Mönchtum ist das der Wüste. Die Mönche gehen bewußt in die Wüste, um dort allein zu sein und Gott zu suchen. Die Wüste galt den Alten als Aufenthaltsort für die Dämonen. *Antonios* ging in die Wüste, um dort die Dämonen in ihrer Domäne zu bekämpfen. Es war ein heldenhafter Entschluß, in den Bereich der Dämonen einzudringen. Und es war eine Kampfansage an die Dämonen, die ihn heimsuchten und ihn aus ihrem Bereich wieder zu vertreiben trachteten. Antonios glaubte, daß es durch seinen Kampf gegen die Dämonen auch für die Menschen in der Welt etwas heller und heiler werde. Wenn er die Dämonen besiegte, dann hätten sie auch weniger Macht über die Menschen in der Welt. Insofern ist sein Dämonenkampf auch stellvertretend für die Welt. In der Wüste kämpft Antonios gegen die Dämonen im Dienst für die Menschen. Es ist sein Beitrag zur Verbesserung der Welt. Aus der Welt geflohen, setzt er sich im Dämonenkampf für eine heilere Welt ein. Die Wüste ist für Antonios der Ort, an dem sich die Dämonen klarer und unverstellter zeigen. So wie Jesus in der Wüste vom Teufel versucht wurde, als er vom Hl. Geist dorthin geführt worden war, so haben auch die Mönche, die in die Wüste gehen, damit zu rechnen, daß sie die Dämonen bekämpfen müssen. Der Mönch ist wesentlich ein Kämpfer. Und die Altväter werden gelobt, wenn sie in ihrem Kampf Sieger geblieben sind.

Als der Teufel von Jesus abließ, da kamen Engel und dienten ihm. Der Berg der Versuchung wird zum Berg des Paradieses. Diese Erfahrung machen auch die Mönche. Die Wüste ist nicht nur der Tummelplatz der Dämonen, der Ort, an dem man sich vor der eigenen Wahrheit nicht verstecken kann, in der man schonungslos mit sich und seinen Schattenseiten konfrontiert wird. Die Wüste ist zugleich auch der Ort der größten Gottesnähe. So hat es Israel schon erfahren: als den Ort, wo Gott ihm am nächsten war. Gott hat Israel durch die Wüste geführt, um es in das Gelobte Land einziehen zu lassen.

So werden die Mönche von Gott in die Wüste geführt, um dort den Kampf mit den Dämonen zu bestehen und durch den Kampf in das Land des Friedens, in das Land der Gottesschau zu kommen. Für Israel war die Wüste eine Zeit der Prüfung und eine Zeit der Verherrlichung Gottes. Im Rückblick auf seine Geschichte erkannte Israel die Zeit der Wüste als eine privilegierte Zeit. Es war die Zeit, da Gott Israel liebgewann, es auf seine Arme nahm und es mit Ketten der Liebe zog (vgl. Os 11). Und Gott verheißt Israel, daß er es wieder in die Wüste führen wird, um zu seinem Herzen zu sprechen. Die Zeit der Wüste wird dann eine neue Brautzeit sein: „Ich will sie in die Wüste hinausführen und sie umwerben" (Os 2, 16).

So erfuhren die Mönche die Wüste als Ort, da sie Gott nahe waren, da sie Gottes Liebe intensiver spüren konnten, weil sie durch keine weltlichen Verlockungen daran gehindert wurden. Doch um Gottes Nähe zu spüren, muß der Mönch den Kampf mit den Dämonen aufnehmen. Der Dämonenkampf bringt viele Versuchungen mit sich. Die Versuchung ist der Ort, da der Mönch den Dämonen begegnet. Indem sich der Mönch in der Versuchung bewährt und über die Dämonen siegt, wächst seine Kraft und innere Klarheit.

Für die Mönche gehört die Versuchung wesentlich zu ihrem Leben. So sagt Altvater *Antonios*: „Das ist das große Werk des Menschen, daß er seine Sünde vor das Angesicht Gottes emporhalte, und daß er mit Versuchung rechne bis zum letzten Atemzug" (Apo 4).

Das Leben des Menschen ist geprägt von ständiger Auseinandersetzung. Wir können nicht einfach so dahinleben. Wir müssen uns den Anfechtungen stellen, die das Leben mit sich bringt. Und es wird nie eine Zeit geben, in der wir uns ausruhen könnten auf unseren Lorbeeren. Die Versuchungen werden uns vielmehr bis ans Lebensende begleiten. An einer andern Stelle sagt Antonios: „Keiner kann unversucht ins Himmelreich eingehen. Nimm die Versuchungen weg, und es ist keiner, der Rettung findet" (Apo 5). Die Versuchungen sind für Antonios offensichtlich die Bedingung, ins Himmelreich einzugehen. Durch sie bekommt der Mensch ein Gespür für den wahren Gott. Ohne Versuchung wäre er in Gefahr, Gott für sich zu vereinnahmen oder ihn zu verharmlosen. In der Versuchung spürt der Mensch existentiell seinen Abstand zu Gott und den Unterschied zwischen Mensch und Gott. Der Mensch bleibt immer im Kampf, während Gott in sich ruht. Gott ist absolute Liebe, der Mensch dagegen ist ständig vom Bösen angefochten.

Die Mönche sehen die Versuchungen durchaus positiv. Einer der Väter drückt es so aus: „Wenn der Baum nicht von den Winden geschüttelt wird, wächst er nicht und trägt keine Wurzeln. So ist es auch mit dem Mönch: Wenn er nicht versucht wird und die Versuchung nicht erträgt, wird er kein Mann" (N 396).

Es ist wie in der Geschichte von der Palme: Ein böser Mann ärgerte sich über eine junge schöne Palme. Um ihr zu schaden, legt er ihr einen großen Stein in die Krone. Doch als er nach Jahren vorbeikommt, ist die Palme größer und schöner geworden als alle anderen rings herum. Der Stein zwang sie, ihre Wurzeln tiefer in die Erde zu graben. Und so konnte sie auch höher emporwachsen. Der Stein wurde zur Herausforderung für sie. So sind auch die Versuchungen eine Herausforderung für den Mönch. Sie zwingen ihn, seine Wurzeln tiefer in Gott hineinzutreiben, sein Vertrauen immer mehr auf Gott zu setzen. Denn sie zeigen ihm, daß er aus eigener Kraft nicht mit den Versuchungen fertig wird. Die ständige Auseinandersetzung macht ihn innerlich stärker und läßt ihn zum Mann reifen.

Der Kampf mit Anfechtungen und Versuchungen gehört wesentlich zum Menschen. Wir sollen damit rechnen, daß wir von unseren Leidenschaften versucht werden. Die Mönche sprechen von den Dämonen, die uns bekämpfen. Sie meinen damit, daß in uns Kräfte auftauchen, die uns in eine Richtung ziehen, die wir bewußt nicht wollen. Sie gehen damit auf die Erfahrung ein, daß wir nicht eindeutig sind, sondern daß wir hin- und hergerissen sind von verschiedenen Gedanken und Gefühlen. Und sie bezeichnen damit die Kräfte, die wir in den Schatten, ins Unbewußte, abgedrängt haben. Trotz unseres Versuches, anständig zu sein, tauchen in uns Gedanken auf, alles über Bord zu werfen und alle Gebote einmal beiseite zu lassen. In unserer Freundlichkeit gibt es jedoch auch Gedanken, den andern am liebsten umzubringen. Es wäre naiv zu meinen, es genüge, die Gebote zu erfüllen und das Gute zu wollen. In unserem Innern tobt eine Auseinandersetzung zwischen gut und böse, zwischen hell und dunkel, zwischen Liebe und Haß. Für die Mönche ist das ganz normal. Das ist nicht schlecht, sondern es macht den Menschen bewährt. Wir würden heute vielleicht sagen: So ein Mensch lebt bewußter. Er weiß um seine Schattenseiten. Er rechnet damit, daß in seinem Unbewußten noch Kräfte hausen, die er noch nicht kennt, mit denen er achtsam umgehen muß.

Die Versuchungen, so sagen die Mönche, machen uns zum Mann. Sie bringen uns mit den Wurzeln in Berührung, die den Baumstamm tragen. Sich den Versuchungen zu stellen heißt, sich mit der Wahrheit auseinanderzusetzen. So sagt ein Altvater: „Nimm die Versuchungen, und niemand wird heilig sein, denn wer die nützliche Versuchung flieht, flieht das ewige Leben. Es sind in der Tat die Versuchungen, die den Heiligen ihre Kronen bereitet haben" (N 595).

Manch einer bekommt da vielleicht Probleme, wenn er im Vaterunser darum bittet, daß Gott uns vor der Versuchung bewahren möge. Doch Jesus spricht hier von einer anderen Versuchung, von der Versuchung des Abfalls. „Laß uns nicht hineingeraten in die Situation des Abfalls, so lehrt Jesus seine Jünger bitten, der selbst darum für sie bittet (vgl. Lk 22, 31 f; auch Joh 17, 14 f)" (Grundmann, Matthäus 203). Die Mönche meinen dagegen die Versuchungen durch die Gedanken in uns, durch Leidenschaften und durch die Dämonen. Diese Versuchungen gehören wesentlich zu uns. Und sie machen uns bewährter. Das heißt aber auch, daß wir nicht mit einer weißen Weste zu Gott kommen können. Es gehört vielmehr zu uns, daß wir in der Auseinandersetzung mit den Dämonen stehen, und daß wir immer wieder auch davon verwundet werden.

Die Mönche verlangen nicht, daß wir perfekt und fehlerlos seien, korrekt und makellos. Wer in der Versuchung mit den Dämonen vertraut wird, der begegnet der Wahrheit seiner Seele, der entdeckt in sich die Abgründe seines Unbewußten, mörderische Gedanken, sadistische Vorstellungen, unmoralische Phantasien. Zum reifen Menschen werden wir nur, wenn wir uns dieser Wahrheit stellen, wenn wir uns in der Versuchung bewähren.

So sagt ein Altvater: „Wenn wir zum Herrn beten: Führe uns nicht in Versuchung! (Mt 6, 13), dann bitten wir nicht darum, nicht versucht zu werden, denn das wäre unmöglich, sondern nur darum, daß wir in der Versuchung nicht verschlungen werden und etwas tun, das Gott mißfällt. Denn das heißt: nicht in Versuchung fallen" (Apo 1159).

Die Versuchung bringt uns näher zu Gott. So hat es *Isaak von Ninive* gesehen: „Ohne Versuchung wird die Sorgfalt Gottes für uns nicht empfunden, das Vertrauen zu ihm nicht erworben, die Weisheit des Geistes nicht gelernt und die Liebe Gottes nicht in der Seele befestigt. Vor den Versuchungen betet der Mensch zu Gott wie ein Fremder, nachdem er aber aus Liebe zu ihm die Versuchung bestanden hat, ohne sich durch dieselbe verkehren zu lassen, alsdann betrachtet ihn Gott als einen, der ihm geliehen hat und von ihm Zinsen zu empfangen berechtigt ist, und als ein Freund, der für seinen Willen gegen die Macht der Feinde gekämpft hat" (Isaak 329). Solche Worte zeigen, daß die Mönche keine Angst vor der Versuchung und auch nicht vor der Sünde hatten. Vielmehr wird der Mönch, der in Versuchung gerät, auch auf neue Weise mit Gott vertraut. In der Versuchung spürt er zugleich tiefer als sonst Gottes Nähe.

Die Versuchung hält den Mönch wach und läßt ihn innerlich weiterwachsen. So bittet *Johannes Kolobos* sogar um die Versuchung, damit er auf seinem Weg zu Gott Fortschritte machen könne: „Abbas Poimen erzählte über den Altvater Johannes Kolobos: ‚Er rief Gott an, und die Leidenschaften wurden von ihm genommen, und er war ohne Sorgen. Er ging fort und sagte zu einem Greis: Ich stelle fest, daß ich in Ruhe bin und keine Anfechtung mehr habe. Der Greis sprach zu ihm: Geh und rufe Gott an, daß ein Feind gegen dich aufsteht und so auch die alte Zerknirschung und

Demut, die du früher hattest, wieder zurückkehrt! Denn gerade durch die Anfechtung macht die Seele Fortschritte. Er bat also, und als der Feind kam, betete er nicht mehr, daß er von ihm befreit werde, sondern sagte: Gib mir Geduld, Herr, in den Kämpfen!'" (Apo 328).

Ohne Versuchung wird der Mönch leichtsinnig, er läßt sich gehen und lebt einfach so dahin. Die Versuchungen zwingen ihn, bewußt zu leben, Disziplin zu üben und wachsam zu sein. So beten die Mönche nicht, daß die Versuchungen aufhören, sondern daß Gott ihnen genügend Kraft gebe: „Man erzählte von der Amma Sarrha: Dreizehn Jahre hielt sie aus, gewaltig angefochten vom Dämon der Unreinheit. Niemals betete sie, daß der Kampf aufhöre, vielmehr betete sie: O Gott, gib mir Kraft" (Apo 884). Aber schließlich siegt sie doch. Der unreine Geist sagte zu ihr: „Du hast mich besiegt, Sarrha. Aber sie antwortete: ,Nicht ich habe dich besiegt, sondern mein Herr Christus'" (Apo 885).

Die Versuchung zwingt uns zum Kampf. Ohne Kampf gibt es keinen Sieg. Aber der Sieg ist nie unser Verdienst. In den Kämpfen dürfen wir die Erfahrung machen, daß Christus an uns handelt, daß er uns auf einmal vom ständigen Ringen befreit und uns einen tiefen Frieden schenkt.

Die Frage ist, ob uns heute diese positive Sicht der Versuchung weiterhilft. Zum einen könnte uns diese Sicht von einem falschen Perfektionsstreben befreien. Wem es vor allem darauf ankommt, korrekt zu sein, der wird vor lauter Angst vor etwaigen Fehlern am Leben vorbeigehen. Sein Leben wird verkümmern. Er wird zwar korrekt sein, aber nicht lebendig und weit. Das Rechnen mit der Versuchung, die Gewißheit, daß die Versuchung zu uns gehört, macht uns menschlicher, oder wie die Mönche sagen: demütiger. Es zeigt uns, daß wir immer angefochten sind, daß wir nie sagen können, über allen Versuchungen zu stehen, daß etwa Haß und Eifersucht, daß Ehebruch für uns kein Problem wären. Wer behauptet, daß er nie seine Frau oder seine Freundin betrügen würde, der ist seinem Herzen noch nicht begegnet. Das Rechnen mit der Versuchung macht uns wachsam.

Aber wenn die Mönche darum bitten, daß Gott ihnen die Versuchung nicht nehmen soll, dann tun wir uns damit heute schwer. Dennoch machen auch heute manche eine ähnliche Erfahrung. Eine Schwester sagte mir, daß sie innerlich erschlaffte, als für sie Selbstbefriedigung überhaupt kein Problem mehr war. Solange sie damit zu kämpfen hatte, war sie aufmerksamer mit ihren Gefühlen, ging sie bewußter mit Frustration und Ärger um. Und sie erfuhr sich ganz und gar auf Gott geworfen. Ihr Gebet wurde intensiver.

Wir haben manchmal ein falsches Bild von Heiligkeit. Wir meinen, der Heilige stehe über allen Versuchungen. Aber das ist ein Irrtum. Um die Versuchung zu wissen, ohne von ihr überwältigt zu werden, das ist ein Weg, der lebendig hält, der immer wieder daran erinnert, daß wir uns nicht selber besser machen können, sondern daß Gott allein uns verwandeln kann. Gott allein kann uns auch den Sieg im Kampf mit den Versuchungen schenken, einen tiefen Frieden, der ohne Kampf nicht in der gleichen Intensivität erfahren werden kann.

4 Askese

Immer wieder sprechen die Mönche vom Kampf, den das Leben mit Gott verlangt. Das Leben in der Wüste ist ein ständiger Kampf mit den Dämonen, und es bringt dem Mönch eine beständige Mühe: „Die Amma Synkletika sprach: Die zu Gott gehen, haben am Anfang Kampf und vielerlei Beschwerde. Hernach jedoch ist die Freude unaussprechlich. Wie nämlich diejenigen, die Feuer anzünden wollen, zuerst vom Rauch belästigt werden und weinen müssen und auf diese Weise das Gewünschte erreichen – denn es steht geschrieben: Unser Gott ist ein verzehrendes Feuer (Hebr 12,29) –, so müssen auch wir das göttliche Feuer in uns entfachen mit Tränen und Mühen" (892).

„Ein Bruder bat Abbas Arsenios um ein Wort. Da sagte ihm der Altvater: Kämpfe mit deiner ganzen Kraft, damit dein inneres Wirken gottgemäß sei, und du wirst deine äußeren Leidenschaften besiegen" (Miller 44).

Abbas *Zacharias* antwortet einmal auf die Frage, was einen Mönch ausmache: „Ich meine, Vater, wer sich in allem Gewalt antut, der ist ein Mönch" (Miller 98).

In einem andern Apophthegma spricht Christus selbst zu einem Mönch: „Das aber sage ich: Es ist viel Mühe notwendig, und ohne Mühen kann keiner Gott haben. Er selbst nämlich ward für uns gekreuzigt" (Miller 103).

Wir tun uns nicht so leicht mit solchen Worten, die uns Mühen und Kampf versprechen. Man könnte denken, daß die Mönche uns das Leben nicht gönnen, daß sie nur das Harte sehen und den Verzicht. Aber letztlich steckt hinter der Aufforderung zur Askese ein positives Menschenbild. Die Mönche glauben, daß wir an uns arbeiten können. Wir sind nicht hilflos unseren Veranlagungen oder unserem Gewordensein durch die Erziehung ausgeliefert. Die Mönche reden sich nicht heraus mit einer verkorksten Erziehung, sie schieben die Schuld für ihr Leben nicht andern in die Schuhe. Vielmehr übernehmen sie selbst die Verantwortung für ihr Leben und formen daran. Sie fühlen sich nicht ohnmächtig ihren Begierden und Bedürfnissen ausgeliefert. Vielmehr vertrauen sie der Kraft, die Gott uns geschenkt hat, eine Kraft, mit der wir die Feinde unserer Seele bekämpfen, mit der wir uns befreien können von den Hindernissen, die uns vom Leben abhalten möchten.

Heute haben wir durchaus wieder ein Verständnis für Askese. Der Physiker und Naturphilosoph Carl Friedrich von Weizsäcker spricht von einer asketischen Weltkultur, die für die Zukunft unseres Planeten lebensnotwendig sei. 1992 lud mich das österreichische Fernsehen ein zu einer Diskussion über „Lust auf Askese". Neben mir saßen eine Psychologin, ein Psychologe und ein Manager. Ich dachte zuerst, ich müsse die Askese verteidigen. Aber wir waren uns alle einig, wie wichtig Askese heute sei, Askese als ein Weg in die Freiheit, ein Weg, sein Leben selbst in die Hand zu nehmen und zu formen. Dabei dürfen wir aber Askese nicht mit Abtötung verwechseln. Askese heißt eigentlich: Übung zur Erlangung einer Fertigkeit. Im ethischen Sinn ist die Askese „die Übung in tugendhaftem, dem Ideal entsprechenden Verhalten" (Lex 749). Askese meint also etwas Positives, die Übung zur Erlangung einer religiösen Haltung.

Erst in der stoisch-kynischen Popularphilosophie wurde

Askese als Verzicht und als Niederhalten der Triebe gesehen. In der christlichen Askese wurde dieser negative Aspekt überbetont, während bei den Mönchen der Schwerpunkt auf der Übung besteht, durch die wir uns einüben in die Haltung der „apatheia", eines Zustandes des inneren Friedens, in dem wir offen sind für Gott. Der Friede entsteht für die Mönche jedoch immer aus dem Kampf. Daher ist es zuerst wichtig, daß wir den Kampf gegen die Dämonen aufnehmen, die uns von Gott abhalten möchten.

Was *Evagrius* „apatheia" nennt, das ist für *Cassian*, seinen Schüler, der die Lehre des Evagrius lateinisch neu formuliert, „puritas cordis", Reinheit des Herzens. Die Reinheit des Herzens ist ein Zustand der inneren Klarheit und Lauterkeit, der Liebe als Offenheit für Gott. Um die Reinheit des Herzens zu erlangen, müssen wir kämpfen: „Für die Reinheit des Herzens, für die Liebe also, müssen wir all das tun, was wir an asketischen Werken vollbringen; diese sind die Instrumente, die unser Herz von allen schädlichen Leidenschaften befreien können, die uns am Aufstieg zum Vollmaß der Liebe hindern. Fasten, Nachtwachen, Zurückgezogenheit, Meditation der Heiligen Schriften usw. üben wir also um der Reinheit des Herzens willen, die in der Liebe besteht. Was wir tun, tun wir, um Liebende zu werden. Darum ist die Liebe in allem maßgebend. Sie zu erlangen ist das Ziel unseres Tuns; die Werkzeuge, die wir dabei handhaben, sind zweitrangig" (Sart 108). Das Ziel der Askese ist also ein absolut positives: die Erlangung der Liebe, der Reinheit des Herzens. Es kommt nicht in erster Linie auf den Verzicht an, sondern auf die Liebe, die durch den Kampf gegen die Leidenschaften erworben wird. Darin zeigt sich die positive Sicht des Menschen.

Die Mönche haben Methoden des Kampfes entwickelt, mit denen wir die Haltung der Liebe einüben können, die

Haltung innerer Klarheit und Lauterkeit, mit denen wir die Offenheit für Gott einüben können. Zwei Bilder finden wir bei den Mönchen immer wieder für unseren Kampf um ein Leben, das wir selber leben, das dem Bild entspricht, das Gott sich von uns gemacht hat: Wir sind Athleten Christi, – und wir sind Soldaten des Königs Christus.

Der Mönch ist Athlet Christi. Sein Kampf geht vor allem gegen die Leidenschaften. Aber er wird nie wie ein Athlet in der Arena seinen Gegner für immer besiegen, um sich auf seinen Lorbeeren auszuruhen. Vielmehr ist unser Leben ein dauernder Kampf. Die Altväter feuern junge Mönche zu diesem Kampf an. Man spürt in vielen Vätersprüchen auch die Lust am Kampf. Darin drückt sich das Gefühl aus, daß wir den Dämonen nicht ausgeliefert sind, sondern daß wir in der Kraft Christi siegen können. Diese Siegeschance beflügelt die Mönche bei ihrem Kampf. *Evagrius* spricht von dem Mönch, der auf seinen Besitz verzichtet, er sei „ein Athlet, den man nicht um die Taille fassen kann, und ein flinker Läufer, der schnell zum Kampfpreis der Berufung von oben gelangt" (Gedanken 53).

Den Kampf gegen die Leidenschaften können wir nach Evagrius jedoch nur bestehen, wenn „wir als starke Männer und Soldaten unseres siegreichen Königs Jesus Christus im Kampfe stehen ... Bei diesem Kampf ist für uns allerdings als geistliche Waffe ein fester Glaube erforderlich und eine feste Lehre, d. h. vollkommenes Fasten, kraftvolle Taten, Demut, Stille, die kaum gestört wird oder gänzlich ungestört ist, und ununterbrochenes Gebet. Ich möchte aber wissen, ob einer den Kampf in seiner Seele führen und mit der Krone der Gerechtigkeit bekränzt werden kann, wenn er seine Seele mit Brot und Wasser sättigt, den Zorn schnell entfacht, das Gebet verachtet und vernachlässigt und sich mit den Häretikern zusammenfindet. Denn siehe, Paulus sagt: Jeder Wettkämpfer lebt völlig enthaltsam (1 Kor 9, 25)

... Daher ziemt es sich sicherlich, daß wir, wenn wir diesen Feldzug unternehmen, die geistliche Waffenrüstung anlegen und den Heiden zeigen, daß wir bis aufs Blut gegen die Sünde kämpfen werden" (Antirrhetikon 2).

Cassian fordert uns auf, wie der Hauptmann von Kapharnaum unseren Gedanken und Leidenschaften zu befehlen: „Auch wir können es zum Rang eines geistlichen Hauptmanns bringen, wenn wir männlich die Laster bekämpfen, uns in den Turbulenzen unserer Gedanken behaupten, kraft der Gabe der Unterscheidung (discretio) Ordnung unter ihnen schaffen, die unstete Schar der Gedanken der Oberherrschaft unsrer Vernunft unterwerfen und unter dem heilbringenden Siegeszeichen des Kreuzes unseres Herrn alle grausamen Feinde aus unseren Inneren vertreiben. Haben wir den Hauptmanns-Rang erreicht, so werden wir eine solche Befehlsgewalt haben, daß Gedanken uns nicht mehr vom Weg abbringen und wir bei denen verweilen können, die uns geistlich erfreuen. Den boshaften Einflüsterungen werden wir dann einfach gebieten ‚verschwindet!', und sie werden verschwinden, den guten aber sagen ‚kommt!', und sie werden kommen. Auch unserem Knecht, unserem Leib nämlich, werden wir dann wie jener Hauptmann im Evangelium alles gebieten können, was der Enthaltsamkeit und der Keuschheit förderlich ist, und er wird uns ohne Widerstand zu Diensten sein – das heißt, er wird dann nicht mehr die Stacheln der Begierden regen, sondern dem Geist Gefolgschaft leisten" (Sartory II 29 f).

Bei solchen Sätzen spüren wir die Lust am Kampf. Die Askese ist für die Mönche zwar beschwerlich, aber sie macht auch Freude. Denn indem der Mönch kämpft, wird er stärker. Vor allem aber beflügelt ihn das Ziel des Kampfes, der Einzug in das Land des Friedens, das Erlangen der „apatheia", der Gesundheit der Seele, die Erfahrung innerer

Freiheit und einer unangefochtenen Liebe, das Einswerden mit Gott.

Die Askese besteht zunächst darin, sich den Körper gefügig zu machen und ihm dem eigenen Willen zu unterwerfen, über die Triebe Herr zu werden, frei gegenüber den eigenen Bedürfnissen.

Die Unterwerfung des Körpers unter den Geist geschieht einmal in der Nahrungsaskese. Der Mönch verzichtet auf Fleisch. Er ißt möglichst wenig. Viele fasten und essen nur jeden zweiten Tag. Immer wieder aber warnen die Mönche vor übertriebenem Fasten. Der königliche Weg ist, einmal am Tag, und zwar abends wenig zu essen, so daß man nicht satt wird davon. Die Askese bezog sich auch auf den Schlaf. Die Mönche wollten möglichst wenig schlafen. Wenig zu schlafen war schon bei den Pythagoreern üblich. Und damit arbeiten viele geistliche Bewegungen. Die Müdigkeit, die dadurch erzeugt wird, wird als Voraussetzung gesehen, Gott intensiv erfahren zu können. Wenn ich müde bin, bin ich nur noch für wenig aufnahmefähig. Wenn ich dann die verringerte Aufnahmefähigkeit ganz auf Gott richte, bin ich offener für Gott als in völliger Wachheit. Für die Mönche war aber auch die Nacht ein wichtiger Ort der Gotteserfahrung. In der Nacht sucht Gott den Menschen heim und spricht zu seinem Herzen. Es ist eine allgemeine Erfahrung, daß wir nachts Gott oft näher sind als tagsüber.

Immer wieder allerdings warnen die Mönche vor einer übertriebenen Askese, die ohne Rücksicht auf die eigenen Grenzen mit Gewalt den eigenen Leib unterwerfen möchte. So sagt Abba *Antonios*: „Es gibt solche, die ihren Leib mit Bußübungen aufgerieben haben. Da sie aber die Unterscheidungsgabe nicht hatten, haben sie sich von Gott weit entfernt" (Apo 8). Und *Amma Synkletika* meint von der übertriebenen Askese: „Es gibt eine überspannte Askese, die vom Feinde ist. Denn auch seine Schüler üben sie. Wie nun unterscheiden wir die göttliche, die königliche Askese von der tyrannischen, dämonischen? Offenkundig durch das Maß" (Apo 906, Sartory 74).

Askese darf nicht zu einem Wüten gegen sich selbst werden. Dann würde sie uns nur schaden. Von Abbas *Poimen* stammt das Wort: „Alles Übermaß ist von den Dämonen" (Apo 703). Die Askese darf auch nicht in dem Glauben geübt werden, als könnten wir uns selbst erlösen. Sie ist vielmehr Antwort auf Gottes Liebe, auf sein Angebot des Heils in Jesus Christus. Damit Gott uns durch sein Wort und durch seinen Geist verwandeln kann, müssen wir uns ihm hinhalten, müssen wir uns befreien von allem, was uns innerlich beschwert, verschließt und beherrscht. Aber das Heil kann allein Gott bewirken. So wissen die Mönche um das Paradox, daß wir zwar hart an uns arbeiten müssen, daß wir uns aber im Grunde nicht aus uns selbst besser machen können. Das kann Gott allein. So erfahren die Mönche in ihrer Askese immer wieder auch ihre eigene Ohnmacht. Sie können sich nicht selbst aus dem Sumpf ziehen. Was Gnade ist, erleben sie gerade dann, wenn sie mit ihrem Kampf an eine Grenze kommen. Dann spüren sie, daß allein Gott ihnen den Sieg verleihen, wahren Frieden und dauernde Liebe schenken kann.

5 Schweigen und Nicht-Richten

Ein Kennzeichen, ob die Askese den Mönch zu Gott geführt hat, ist das Nicht-Richten. Wenn ein Mönch noch so streng fastet und noch so hart arbeitet, dann taugt das alles nicht, wenn er trotzdem noch andere richtet. Die Askese hat ihn dann nur dazu geführt, daß er sich über andere erheben kann. Sie hat der Befriedigung seines Stolzes gedient, der Steigerung seines Selbstwertgefühls. Wer in seiner Askese sich selbst begegnet ist, wer es ausgehalten hat, im Kellion zu bleiben, wenn das Verdrängte hochkommt, dem ist jedes Richten über andere vergangen. So mahnen viele Vätersprüche dazu, bei sich zu bleiben, sich mit der eigenen Wahrheit zu konfrontieren und nicht über andere zu richten.

„Der Altvater Poimen bat den Altvater Joseph: ‚Sage mir, wie ich Mönch werde.' Er antwortete: ‚Wenn du Ruhe finden willst, hier und dort, dann sprich bei jeder Handlung: Ich – wer bin ich? und richte niemand!'" (Apo 385).

Theodor von Pherme sagt: „Ein Mensch, der die Süßigkeit des Kellions kennengelernt hat, flieht den Nächsten, jedoch ohne ihn zu verachten" (Apo 281). Und: „Ein Altvater wurde einmal von einem Bruder gefragt: ‚Warum urteile ich eigentlich so häufig über meine Brüder?' Und er antwortete ihm: ‚Weil du dich noch nicht selbst kennst. Denn wer sich selber kennt, der sieht die Fehler der Brüder nicht'" (Apo 1011).

Das Urteilen über andere ist immer ein Zeichen, daß man sich selbst noch nicht begegnet ist. Daher sind Fromme, die sich über andere entrüsten, noch nicht der eigenen Wahrheit begegnet. Ihre Frömmigkeit hat sie noch nicht mit sich selbst und der eigenen Sünde konfrontiert. Denn, so sagt Abbas *Mose*: „Wenn jemand seine Sünden trägt, dann schaut er nicht auf die des Nächsten" (Apo 510).

Für die Mönche ist das Nichtrichten aber nicht nur ein Kriterium für echte Askese, sondern auch eine Hilfe, die eigene innere Ruhe zu finden. Wenn wir aufhören, andere zu verurteilen, tut uns das selbst gut.

„Abbas Poimen wurde von einem Bruder gefragt: ‚Was soll ich tun, Vater, denn ich werde von Traurigkeit niedergeschlagen.' Der Greis antwortet ihm: ‚Schaue niemand für nichts an, verurteile niemand, verleumde niemand, und der Herr wird dir Ruhe geben'" (Apo 1168).

Das Urteilen verschafft uns keine Ruhe. Denn indem wir den andern verurteilen, spüren wir unbewußt ja doch, daß wir auch nicht perfekt sind. So ist der Verzicht auf das Urteilen und Richten ein Weg zum inneren Frieden mit uns selbst. Wir lassen die andern sein, wie sie sind, und können auf diese Weise auch wir selber sein.

Die Mönche erfüllen mit ihrer Erfahrung, was Jesus in der Bergpredigt fordert: „Richtet nicht, damit ihr nicht gerichtet werdet!" (Mt 7, 1). Das Nicht-Richten kommt aus der eigenen Selbstbegegnung. Wer sich selbst begegnet, weiß um alle seine Fehler. Er kennt seine Schattenseiten. Er weiß, daß er das, was er im andern verurteilt, selbst in sich trägt. Wenn der andere sündigt, dann entrüstet er sich nicht, sondern wird an die eigene Sünde erinnert. Die Psychologen sagen uns, daß wir im Schimpfen über andere verraten, was in uns selbst ist. Wir projizieren unsere eigenen Schattenseiten, unsere verdrängten Wünsche und Bedürfnisse auf die andern und schimpfen über sie, anstatt der eigenen Wahrheit ins Auge zu sehen. Die Mönche verlangen, daß wir den Projektionsmechanismus aufgeben und statt dessen lieber schweigen sollen. Das Schweigen ist für sie eine Hilfe, das Projizieren zu lassen und statt dessen das Verhalten des andern als Spiegel für uns selbst zu sehen. Das zeigen einige Vätersprüche.

„Abba Poimen sprach: Es steht geschrieben: Was dein Auge gesehen hat, das bezeuge! (Spr 25,7). Ich aber sage euch: Auch wenn ihr es mit Händen greift, so redet nicht davon. Ein Bruder wurde in dieser Sache genarrt. Er sah etwas, wie wenn sein Bruder mit einem Weib sündigte. Stark angefochten ging er hin und stieß sie mit dem Fuße, im Glauben, daß sie es seien, und sagte: Hört endlich auf, wie lange denn noch? Und siehe: Es fanden sich Getreidegarben! Deshalb sage ich euch: Auch wenn ihr mit Händen greifen könnt, urteilt nicht" (Apo 688).

Poimen weiß, daß wir unsere eigene Phantasie sogar in die Natur hineinprojizieren können. Der Bruder, von dem er in dem Apophthegma spricht, projiziert seine sexuellen Wünsche in die Getreidegarben. In ihnen sieht er, was er sich in der Phantasie immer wieder ausmalt. So mißtrauisch ist Poimen gegen alles Urteilen, daß er es uns sogar verbietet, wenn wir meinen, wir würden die Sünde des andern mit Händen greifen. Auch da greifen wir oft genug nur die eigene Phantasie.

Schweigen ist das Verzichten auf jede Projektion. „Wenn Abba Agathon etwas sah und sein Herz über die Sache urteilen wollte, sprach er zu sich: Agathon, tu das nicht. Und so kam sein Denken zur Ruhe" (Apo 100). „Wenn du jemand sündigen siehst, so bete zum Herrn und sage: Verzeihe mir, denn ich habe gesündigt" (Eth Coll 13,40).

Urteilen über die andern macht blind für die eigenen

Fehler. Schweigen im Blick auf die andern ermöglicht klarere Selbsterkenntnis. Wir hören auf, unsere Fehler auf andere zu projizieren. So heißt es in einem Väterspruch: „In der Sketis war einmal eine Versammlung wegen eines gefallenen Bruders. Die Altväter sprachen, nur Abbas Pior schwieg. Hernach stand er auf, nahm einen Sack, füllte ihn mit Sand und trug ihn auf der Schulter. In einem Körbchen trug er ganz wenig Sand vor sich her. Die Väter fragten ihn, was das bedeute, und er antwortete: ‚Dieser Sack mit dem vielen Sand, das sind meine Sünden, deren viele sind. Und ich habe sie hinter mich getan, damit sie mir nicht zu schaffen machen und ich darüber weine. Und siehe, die wenigen Fehler meines Bruders, die sind vor mir, und ich mache viele Worte, ihn zu verurteilen. Es ist nicht in Ordnung, so zu tun, vielmehr sollte ich meine eigenen vor mir tragen und über sie nachdenken und Gott bitten, mir zu verzeihen.‘ Da standen die Väter auf und sagten: ‚Wahrhaftig, das ist der Weg des Heiles!‘" (Apo 779).

Eine solche Symbolhandlung kann uns deutlicher werden lassen, wie oft wir dabei sind, andere zu verurteilen. Wir meinen vielleicht, wir würden uns aus Sorge für das Heil des andern über ihn unterhalten. In Wirklichkeit machen wir soviel Lärm um seine Sünden, während die eigenen viel mehr sind. Aber das wollen wir einfach nicht wahrhaben. Da brauchen wir einen Abba *Pior*, der uns auf freundliche und behutsame Weise klarmacht, daß es keinen Sinn hat, uns über die Sünden des andern zu ereifern. Statt dessen wäre es besser, für ihn zu beten, und im Gebet zu spüren, daß wir ja alle angefochten sind, daß keiner von uns garantieren kann, ohne Fehler zu bleiben.

Auch wenn ein Bruder wirklich sündigt, sollen wir ihn nicht verurteilen. So sagt Abbas *Poimen*: „Wenn ein Mensch sündigt und es leugnet, indem er spricht: Ich habe nicht gesündigt, so verurteile ihn nicht. Andernfalls nimmst du ihm den Mut. Wenn du aber sagst: Sei nicht mutlos, Bruder, aber hüte dich in Zukunft!, dann erweckst du seine Seele zur Reue" (Apo 597). Anstatt den andern zu verurteilen, sollten wir ihn durch Liebe für Gott gewinnen.

„Man erzählte von dem Altvater Isidor, dem Presbyter der Sketis: Hatte einer einen widerspenstigen oder schwachen Bruder oder einen nachlässigen oder überheblichen und wollte ihn hinauswerfen, dann sagte er: Bring ihn hierher zu mir! Und er nahm ihn auf und rettete ihn kraft seiner Langmut" (Apo 357).

Immer wieder loben die Mönche das Schweigen. Das Schweigen ist für sie der Weg, sich selbst zu begegnen, die Wahrheit des eigenen Herzens zu entdecken. Schweigen ist aber auch der Weg, frei zu werden vom ständigen Beurteilen und Verurteilen der andern. Wir sind ja immer in Gefahr, jeden Menschen, dem wir begegnen, zu bewerten, einzuschätzen, zu beurteilen. Und oft genug finden wir uns dabei wieder, daß wir ihn verurteilen und richten. Schweigen aber hindert uns zu richten. Es konfrontiert uns immer wieder mit uns selbst. Es verbietet uns den Weg, unsere Schattenseiten auf die andern zu projizieren. Die Alten wissen um die Gefahr, daß wir mit unseren Gedanken und Reden ständig um die andern kreisen. Vom Altvater *Agathon* wird berichtet, daß er drei Jahre einen Stein im Mund trug, bis er zurechtkam mit dem Schweigen (Apo 97), bis er auch mit dem Herzen nicht mehr über den Bruder urteilte.

Oft braucht es die bewußte Übung des Schweigens, damit auch das Herz schweigen kann. Oft müssen wir uns ausdrücklich verbieten, über den andern zu reden, damit wir ihn vorurteilslos anschauen können.

Man hat den frühen Mönchen oft vorgeworfen, sie seien in ihrer Askese hart geworden. Doch die vielen Mahnungen, nicht zu richten, und die schönen Erzählungen von barmherzigen Mönchen zeigen uns das Gegenteil. Ja, für die Mönche war das Nicht-Richten ein Kriterium für den richtigen Weg. Wer andere richtet, der hat sich selbst noch nicht wirklich kennengelernt. Heute gibt es viele fromme Bewegungen, die auf Kosten anderer leben. Sie grenzen sich ab, indem sie andere herunterziehen und über sie schimpfen. Wenn jemand Menschen, die einen anderen spirituellen Weg gehen, verteufeln muß, ist das immer ein Zeichen, daß sein eigener Weg nicht stimmt. Sein Verteufeln weist auf den Teufel im eigenen Herzen hin, den er nicht wahrhaben will. Er verdrängt ihn und projiziert ihn dann auf andere. Wer ehrlich sich selbst erkennt, der wird von alleine barmherzig. Er weiß tief in seinem Herzen, daß wir alle im Grunde der Barmherzigkeit Gottes bedürfen. Es ist immer ein Wunder seiner Gnade, wenn Gott das Gute in uns siegen läßt.

Schweigen ist für die Mönche aber noch mehr als Nicht-Richten. Schweigen ist der spirituelle Weg schlechthin. Im Schweigen begegnen wir uns und unserer inneren Wirklichkeit. Aber das Schweigen ist auch ein Weg, frei zu werden von den Gedanken, die uns ständig beschäftigen. Da geht es nicht um ein äußeres Schweigen, sondern um ein Schweigen des Herzens. Das äußere Schweigen kann aber eine Hilfe dafür sein, daß auch das Herz still wird, daß die Emotionen sich legen und uns nicht mehr bestimmen. So wird vom Altvater *Moses* erzählt, einem ehemaligen Räuber, der wegen seiner schwarzen Hautfarbe oft geschmäht wurde: „Ein anderes Mal war wieder eine Versammlung in der Sketis, und die Väter wollten ihn auf die Probe stellen und behandelten ihn wie ein Nichts, indem sie sagten: ‚Wozu kommt denn dieser Äthiopier in unsere Mitte?' Er hörte es schweigend an. Nach der Auflösung der Versammlung sagten sie zu ihm: ‚Abbas, hast du dich da nicht aufgeregt?' Er antwortete: ‚Ja, ich war aufgeregt, aber ich verstand mich nicht zum Reden'" (Ps 76,5; (Apo 497).

Abbas *Moses* wird durch die unfairen Worte der Brüder innerlich erregt. Aber er schweigt bewußt, damit sich seine Emotionen beruhigen können. Er bekämpft seine Aufregung durch Schweigen. Er frißt das Unrecht nicht in sich hinein, sondern möchte die Verletzung durch Schweigen heilen. Das Aussprechen der Verletzungen ist sicher ein gutes Mittel, damit sie heilen können. Das hat uns die Psychotherapie heute zur Genüge gezeigt. Aber es gibt durchaus auch das Heilmittel des Schweigens. Im Schweigen können sich die inneren Erregungen beruhigen, da kann sich der aufgewirbelte Staub setzen, so daß sich das Innere klärt wie beim trüben Wein, der durch stilles Lagern klarer wird.

Der zweite Aspekt des Schweigens ist das Loslassen. Im Schweigen lassen wir los, was uns ständig beschäftigt. Wir lassen unsere Gedanken los, unsere Wünsche. Wir lassen alles los, was uns bestimmen möchte, und woran wir uns krampfhaft festhalten. Solange wir an unserem Erfolg festhalten, stockt unser Leben. Solange wir uns an Menschen festklammern, wird die Beziehung gestört. Schweigen ist die Kunst loszulassen, um einen andern Grund in sich zu entdecken: Gott selbst. Nur wenn ich in Gott meinen Grund gefunden habe, kann ich meinen Beruf, meine Rolle, meine Beziehungen, meinen Besitz loslassen. Dann definiere ich mich nicht mehr vom Wohlwollen des andern, dann hängt meine ganze Identität nicht mehr an meinem Erfolg oder Besitz. Das Loslassen ist der Weg, um mit meiner inneren Quelle in Berührung zu kommen, um den wahren Reichtum in meiner Seele zu entdecken: Gott, der mir alles schenkt, was ich zum Leben brauche.

Das Schweigen üben die Mönche nicht als Selbstzweck, sondern um mit Gott eins zu werden. Die Selbstbegegnung und das Loslassen sind zwei notwendige Schritte auf dem Weg zu Gott, zum Einswerden mit Gott.

Das Schweigen ist zunächst einmal die Kunst, ganz gegenwärtig zu sein, sich vorbehaltlos auf den Augenblick einzulassen. Wenn uns ständig irgendwelche Gedanken durch den Kopf schießen, dann halten sie uns davon ab, gegenwärtig zu sein, dann sind wir immer woanders. Das Gegenwärtigsein ist die Voraussetzung, dem gegenwärtigen Gott begegnen zu können. Das Ziel des Schweigens ist jedoch, mit Gott eins zu werden, so offen zu sein für Gott, daß er unser Denken und Fühlen erfüllt, daß wir ihn auf dem Grunde unseres Herzens spüren, daß wir ihn als die Quelle unseres Inneren erleben, als eine Quelle, die nie versiegt, weil sie göttlich ist.

6 Die Analyse unserer Gedanken und Gefühle

Die Selbstbegegnung, die die Mönche im Schweigen anstreben und in der sie eine Voraussetzung der Gottesbegegnung sehen, ist für *Evagrius Ponticus* vor allem eine Begegnung mit den Gedanken und Gefühlen im eigenen Herzen. Evagrius gilt unter den Wüstenvätern als Spezialist für den Umgang mit den Gedanken, mit den Leidenschaften. Er hat sie am eigenen Leib erfahren und in seinen Büchern immer wieder davon geschrieben, um andere an seiner Erfahrung teilzugeben.

Von ihm heißt es: „Wenn du alle Versuchungen kennenlernen willst, die er seitens der Dämonen erfahren hat, dann lies das Buch, das er gegen die Einwände der Dämonen verfaßt hat. Da wirst du all seine Kraft und seine Versuchungen sehen. Darum hat er sie schriftlich niedergelegt, damit die, die sie lesen, gestärkt seien und sähen, daß sie nicht allein auf diese Weise versucht werden. Er ist es, der uns gelehrt hat, welcher Gedanke auf welche Weise besiegt wird" (Bunge 52).

Evagrius rechnet damit, daß ein Großteil unseres geistlichen Weges darin besteht, auf die Leidenschaften in unserem Herzen zu achten, sie kennenzulernen und gut mit ihnen umzugehen. Das Ziel dieses Umgangs ist die „apatheia", ein Zustand der inneren Ruhe und Gelassenheit. In der apatheia bekämpfen sich die Leidenschaften nicht mehr gegenseitig, sondern kommen miteinander in Einklang. Apatheia nennt Evagrius auch die Gesundheit der Seele.

Das Ziel des geistlichen Weges ist also nicht ein moralisches Ideal der Fehlerfreiheit, sondern die Gesundheit der Seele. Die Seele ist nach Evagrius gesund, wenn sie mit sich im Einklang und zur Liebe fähig ist. Denn nur der Mensch, der apatheia erlangt, kann wirklich lieben. Ja, die apatheia ist in Wirklichkeit Liebe.

Evagrius ist Grieche. Und so baut er auch den geistlichen Weg nach dem griechischen Menschenbild auf. Die griechische Philosophie kennt drei Bereiche im Menschen: den *begehrlichen* Teil (epithymia), den *emotionalen* (thymos) und den *geistigen* Teil (nous). Das sind übrigens auch die drei Bereiche, die das Enneagramm kennt, ein System der Selbsterkenntnis, das aus dem Sufismus stammt und große Ähnlichkeiten mit der Lehre von den 9 „logismoi" des Evagrius aufweist. Das Enneagramm spricht vom Bauchtyp, vom Herztyp und Denktyp.

Evagrius ordnet nun jedem der drei Bereiche je drei „logismoi" zu. Logismoi sind gefühlsbetonte Gedanken, die den Menschen beherrschen können, Leidenschaften der Seele, Triebkräfte, mit denen er sich auseinandersetzen muß. Im negativen Sinn nennt Evagrius die logismoi auch Laster und ordnet sie Dämonen zu, die dem Menschen diese Laster eingeben. Der Umgang mit diesen Gedanken und Leidenschaften ist daher zugleich auch ein Kampf mit den Dämonen. Dabei haben die Dämonen nicht nur eine negative Bedeutung. Es sind auch Kräfte, die sich der Mensch gefügig machen kann. Bei Plato waren die Dämonen durchaus gute Kräfte. Erst durch den persischen Dualismus wurden aus ihnen negative Mächte. Für Evagrius sind es Kräfte dieser Welt, personifizierte psychologische Mechanismen, die im Menschen wirken. Die Bedeutung des Evagrius für unsere Zeit liegt wohl darin, daß er die Dämonenlehre psychologisch als Umgang mit den Leidenschaf-

ten und mit den Gesetzen der menschlichen Seele scharf-
sichtig beschrieben hat.

Evagrius fordert uns auf, die Gedanken und Gefühle, die
Dämonen und ihre Gesetze genau zu beobachten: „Sollte
ein Mensch aus eigener Erfahrung die schlimmen Dämonen kennenlernen und sich mit ihrer Kunst vertraut machen wollen, rate ich ihm, gut seine Gedanken zu
beobachten. Achten sollte er auf ihre Intensität, auch darauf, wann sie nachlassen, wann sie entstehen und wieder
vergehen. Er sollte die Vielfalt seiner Gedanken beobachten, die Regelmäßigkeit, mit der sie immer wieder auftauchen, die Dämonen, die dafür verantwortlich sind, welcher
die jeweils vorausgegangenen ablöst und welcher nicht.
Dann sollte er Christus bitten, ihm all das zu erklären, was
er beobachtet hat. Die Dämonen sind nämlich vor allem
über die wütend, die mit solchen Erkenntnissen ausgerüstet
die Tugend üben" (Prakt 50).

Seine Beschreibung der Selbstbeobachtung könnte fast in
einem psychologischen Lehrbuch stehen, das die verschiedenen Mechanismen der Seele und den Zusammenhang der
einzelnen Gefühle und Emotionen erklärt: „Es ist für uns
sehr wichtig, daß wir die verschiedenen Dämonen auch zu
unterscheiden lernen, und daß wir die Begleitumstände ihres Kommens feststellen können. Das können uns unsere
Gedanken lehren ... Weiterhin sollten wir darauf achten,
welche der Dämonen seltener angreifen und welche die lä-
stigeren sind, welche schneller wieder das Feld räumen und
welche stärkeren Widerstand leisten. Schließlich sollten
wir auch die kennen, die unvermittelt angreifen und den
Menschen zur Gotteslästerung verleiten. Es ist ganz wesentlich, darüber Bescheid zu wissen, damit, wenn die verschiedenen schlechten Gedanken auf die ihnen entsprechende
Art und Weise ans Werk gehen, wir ihnen wirksame Worte
entgegenhalten können, das heißt, solche Worte, die den,

der am Werke ist, auch richtig bezeichnen. Wir müssen das tun, bevor sie uns aus unserer Geistesverfassung bringen. Nur so werden wir, mit der Gnade Gottes, gute Fortschritte erzielen. Wir werden sie verjagen, sie aber werden sich ärgern und gleichzeitig wundern, mit welchem Scharfblick wir sie erkannt haben" (Prak 43).

Das genaue Wissen um die Emotionen und Leidenschaften ist die Voraussetzung, daß wir mit ihnen gut umgehen können. Und das Ziel unseres Kampfes ist wiederum die „apatheia", die innere Freiheit. Psychologisch ausgedrückt können wir sagen: Das Ziel ist ein reifer Umgang mit meinen Emotionen, eine ausgewogene Beziehung zu meinen Leidenschaften, ein Versöhntsein mit mir selbst und mit meinem Schatten, mein Ganzsein, in dem der Schatten integriert ist und dem spirituellen Streben dient.

Evagrius sieht im Vertrautsein mit den Leidenschaften das Wort Jesu von der Klugheit der Schlange erfüllt: „Unser Herr sagte: Seid listig wie die Schlangen und unschuldig wie die Tauben! Es muß nämlich der Mönch in Wahrheit ohne Falsch sein und sanft, und in seiner Sanftmut geschehe sein Streit, nach dem Worte des Propheten. Der Blick seines Geistes aber sei behende, und er sei listig in den Tücken der Dämonen wie der Ichneumon (eine ägyptische Wieselart), der die Fährte des Wildes beobachtet, um in der Lage zu sein zu sagen: Die Gedanken des Bösen sind uns nicht verborgen, und: Mein Auge blickt auf meine Feinde, und meine Ohren werden von den Bösen, die mir widerstehen, hören" (16, Brief).

Wir sollen also wie das Wiesel die Fährte der Dämonen studieren, um sie so fangen zu können. Die Schlange ist dabei zugleich Symbol für die Weisheit der Natur und für die Sexualität. Die Klugheit der Schlange zu erwerben heißt daher auch, daß wir uns mit unserer Sexualität aussöhnen, daß wir mit ihr vertraut werden, um ihre Weisheit und

Kraft in den spirituellen Weg integrieren zu können. Die Wüstenväter haben sich mit den negativen Gedanken und Gefühlen, mit den Leidenschaften der Seele, vertraut gemacht. Sie hatten keine Berührungsängste mit den Dämonen. Das war für sie ein täglicher Kampf, bei dem sie den Gegner immer genauer kennenlernten. Aus ihren Schriften spricht die Erfahrung mit den Leidenschaften in unserem Herzen und den Kräften in unserem Unbewußten.

(1) Dem *begehrlichen* Teil ordnet Evagrius die Laster der Völlerei, der Unzucht und der Habsucht zu. Essen, Sexualität und Besitzen sind drei Grundtriebe im Menschen, die er nicht einfach abschneiden, ignorieren kann. Denn als Grundtriebe treiben sie ihn zum Leben an, ja, letztlich sind sie Antreiber auf Gott hin. Es kommt darauf an, wie wir mit den Trieben umgehen, d. h. darauf, ob wir uns von ihnen beherrschen lassen, ob wir Triebmenschen werden, oder ob wir die Kraft, die in ihnen steckt, positiv nutzen und uns von ihnen auf dem Weg zum Leben und zu Gott hin antreiben lassen.

Evagrius beschreibt den *ersten* Trieb der Völlerei oder der Gaumenlust weniger als übertriebenes Essen, als ein Zustopfen der negativen Gefühle, sondern als ängstliche Sorge um die Gesundheit, als Angst, zu kurz zu kommen, nicht genügend Lebensmittel und Medikamente zu haben, als Angst, durch die Askese krank zu werden. Essen ist ja ein Grundbedürfnis des Menschen, und ein Ziel des Essens: genießen. Manche stopfen sich mit Essen zu, weil sie ihren Ärger nicht spüren wollen. Oder: Essen kann auch Liebesersatz sein. Bei vielen zeigt sich beim Essen, daß sie alles in sich hineinschlingen, aber unfähig sind, wirklich zu genießen. Die wahre Askese bestünde darin, das Genießen zu lernen. Dann wird sich von alleine das rechte Maß des Essens einstellen und die Angst verschwinden, zu kurz zu kommen. Unbewußt ist es die Angst vor dem Verhungern, im wörtlichen wie im übertragenen Sinne.

Ziel des Essens ist es letztlich, mit Gott eins zu werden. Deshalb gibt es in allen Religionen heilige Mahlzeiten. In der Eucharistie werden wir gerade durch das Essen des Brotes eins mit Christus und durch ihn mit Gott. Die Mystik kann das Einswerden mit Gott als „fruitio dei" beschreiben, als Genuß Gottes: Essen also als der Grundakt, durch den wir Gott genießen dürfen.

Das *zweite* Laster der Unzucht beschreibt Evagrius so: „Dem Dämon der Unkeuschheit geht es um die Gier nach dem Leib. Wer ein Leben der Enthaltsamkeit führt, sieht sich eifriger noch als anderen seinen Angriffen ausgesetzt. Der Dämon möchte nämlich, daß er endlich damit aufhöre, sich in dieser Tugend zu üben. Sie bringe ihm ja sowieso nichts ein, möchte er ihm glauben machen. Diesem Dämon ist es eigen, der Seele Handlungen unreiner Art vorzuspielen, sie zu beschmutzen und schließlich den Menschen dazu zu verleiten, Worte auszusprechen und sie auch zu vernehmen, so als ob sich all das in Wirklichkeit vor seinen Augen abspielt" (Prak 8).

Die Sexualität ist eine entscheidende Kraft im Menschen. In ihr steckt die Sehnsucht nach Lebendigkeit, nach Sichübersteigen, nach Ekstase. Sexualität kann eine wichtige Quelle für die Spiritualität sein. Das leugnet Evagrius sicher nicht. Er sieht aber die Gefahr darin, sich in eine Scheinwelt zu flüchten. Sexualität hat viel mit Frustration zu tun. Viele, die Enttäuschung nicht aushalten können, flüchten in die Sexualität. Dann ist Sexualität nicht der Ort intimer Liebe und Ekstase, nicht ein Einswerden mit dem geliebten Menschen, sondern ein Sich-Hineinphantasieren in die Scheinwelt sexueller Befriedigung. Evagrius spricht hier nicht vom Einswerden von Mann und Frau im sexuellen Akt, sondern von der Flucht in sexuelle Phantasien. Sexualität wird dann zur Illusion. Anstatt einem wirklichen Menschen zu begegnen und sich ganz und gar auf ihn einzulassen, benutze ich die Sexualität, um mir meine eigene Welt vorzustellen, eine Scheinwelt, in der alles wunderbar ist, in der ich auf niemanden Rücksicht nehmen muß, sondern allein meine Sexualität auslebe.

Daß dies eine reale Gefahr ist, zeigen heute die vielen Berichte über sexuellen Mißbrauch von Kindern, über sexuelle Belästigung von Frauen am Arbeitsplatz. Da wird Sexualität nicht wirklich gelebt, da scheut man die Mühe, sich auf den andern einzulassen und behutsam mit ihm eins zu werden. Da wird Sexualität als Lustbefriedigung gesehen und nicht als Ausdruck einer Liebe, die sich in den andern hineinfühlt. Und so verletzen Menschen mit einer nicht-integrierten Sexualität andere in ihrer Würde. Es gibt kaum schmerzvollere Verletzungen, kaum brutalere und menschenunwürdigere Gewalt als die sexuelle, wenn sie Menschen zu einer Ware degradiert.

Evagrius zeigt in seiner Beschreibung der Unzucht, daß er die Sexualität keineswegs ablehnt, wie häufig den frühen Mönchen vorgeworfen wird. Er weist vielmehr darauf hin, daß die Sexualität genauso wie das Essen mißbraucht werden kann, um vor der Realität zu fliehen. Mit Essen stopft man sich Ärger und Enttäuschung zu. Mit Sexualität kann man sich befriedigen, auch wenn man nicht zufrieden ist. Und man kann in sie flüchten, wenn man sich nicht traut, einem Menschen wirklich zu begegnen und sich auf ihn einzulassen. Dann wird mangelnde Begegnung, mangelnde Bereitschaft zu lieben, mit Sexualität kompensiert. In Wahrheit schadet dies dem Menschen, hemmt ihn an seiner Menschwerdung und pervertiert Sexualität zu einer Blockade Gott gegenüber, während eine integrierte, menschenwürdige Sexualität immer Ausdruck der Liebe zu Gott ist.

Lebendig wird Spiritualität immer erst dann, wenn die Sexualität in den religiösen Weg integriert ist. Eine schal gewordene Spiritualität zeugt davon, daß die Sexualität nicht angeschaut und angenommen worden ist. Evagrius will daher nicht, daß wir die Sexualität unterdrücken, sondern bewußt mit ihr umgehen. Und ohne diesen bewußten Umgang mit der Sexualität gibt es keine menschliche Reife und keine wirkliche Spiritualität.

Der *dritte* „logismos" der begehrlichen Triebkräfte des Menschen ist nach Evagrius die Habsucht. Das Streben nach Besitz gehört wesentlich zum Menschen. In diesem Streben steckt die Sehnsucht nach Ruhe. Wir erwarten uns vom Besitz, daß wir keine Sorgen mehr haben und uns ruhig dem Leben überlassen können. Aber die Erfahrung zeigt, daß Besitz uns auch besetzen kann, daß wir besessen sind von unserem Streben nach immer mehr Besitz. Evagrius schildert in schönen Bildern die Folgen der Habgier. Während der Besitzlose mit einem hochfliegenden Adler verglichen wird, der frei in den Lüften fliegt, von Sorgen nicht beschwert, heißt es vom Reichen: „Der Vielbegüterte aber ist von Sorgen gefesselt und wie ein Hund an die Kette gebunden. Selbst wenn er gezwungen ist auszuwandern, trägt er die Erinnerung an seine Güter als eine schwere Last und eine nutzlose Belästigung mit sich herum. Er wird von Trauer gemartert, und beim Nachdenken wird er arg geplagt. Er verläßt seine Besitztümer und wird vom Kummer gepeinigt. Und selbst wenn der Tod kommt, läßt er jammervoll von dem Gegenwärtigen. Er übergibt seine Seele und wendet das Auge nicht von den Dingen. Wider Willen wird er fortgezogen wie ein entlaufener Sklave. Er wird von seinem Leib getrennt und trennt sich doch nicht von seinen

Besitztümern, die ihn vielmehr mit sich ziehen, da die Leidenschaft ihn niederhält" (Acht Gedanken 51 f).

Unsere Gier nach Besitz wird nie gestillt, wenn wir sie nur auf irdische Dinge richten. Denn noch soviel Besitz kann unsere tiefste Sehnsucht nach Ruhe und Zufriedenheit, nach Einklang mit uns selbst nicht stillen. Die Bibel verwandelt daher diesen Trieb, indem sie uns auf einen inneren Besitz verweist: auf die kostbare Perle, auf den Schatz im Acker. In uns, in unserer Seele können wir einen unermeßlichen Reichtum finden, da finden wir Gott und all das, was er uns an Möglichkeiten geschenkt hat. Und nur wenn wir uns diesem inneren Reichtum zuwenden, wird unser Streben nach äußerem Besitz nicht maßlos werden.

Es gibt heute allerdings auch dies: eine Verteufelung des Besitzes und eine Ideologisierung der Armut, die uns nicht weiterhelfen. Armut wird manchmal mit Kulturlosigkeit verwechselt. Wenn Armut nur Lebensverneinung ist, dann macht sie uns nicht frei. Echte Armut geht mit dem Streben nach Besitz auf menschliche Weise um. Sie läßt dieses Streben zu, aber sie relativiert es, weil sie um einen tieferen Reichtum weiß. Nur um dieses inneren Wertes willen können wir äußeren Besitz loslassen, können wir frei werden von der Gier nach immer mehr.

(2) Dem *emotionalen* Bereich des Menschen ordnet Evagrius die drei „logismoi" der Traurigkeit, des Zornes und der Akedia zu.

„*Traurigkeit* kann bisweilen entstehen, wenn der Mensch seine Wünsche nicht erfüllt bekommt. Manchmal tritt sie auch in Begleitung des Zornes auf. Entsteht sie als Folge nicht erfüllter Bedürfnisse und Wünsche, dann meistens auf folgende Weise: Ein solcher Mensch denkt zunächst an zu Hause, an seine Eltern oder an das Leben, das er früher geführt hat. Wenn er diesen Gedanken keinen

Widerstand entgegensetzt, ja ihnen sogar bereitwillig folgt, oder sich sogar, wenn auch nur in der Vorstellung, Vergnügungen hingibt, dann nehmen sie ihn ganz in Besitz. Schließlich aber verblassen diese Vorstellungen, an denen er sich ergötzte, und er versinkt in Traurigkeit. Seine gegenwärtigen Lebensumstände verhindern es ja, daß sie wieder Wirklichkeit werden. Und so wird jener unglückliche Mensch in dem Maße bekümmert, wie er sich solchen Gedanken ausgeliefert hat" (Prak 10).

Traurigkeit (lype) unterscheidet Evagrius von Trauer (penthos). Während die Trauer wesentlich zur menschlichen Reifung gehört, als Trauerarbeit, als Aufarbeiten von Verlusterfahrungen, ist die Traurigkeit als Selbstmitleid unfruchtbar. Der Mensch flüchtet sich in Selbstmitleid, wenn er seine Wünsche nicht erfüllt bekommt. Auf dem Grund der Traurigkeit liegen oft übertriebene Wünsche ans Leben. Weil ich nicht der größte bin, trete ich gar nicht an zum Kampf und flüchte in die Traurigkeit.

Die Trauer kann weinen. Ihre Tränen können die hartgewordene Seele aufweichen und sie fruchtbar werden lassen. Die Tränen der Trauer können sich in Tränen der Freude verwandeln. Die Traurigkeit kann nicht weinen, sie ist weinerlich, sie badet sich im eigenen Selbstmitleid. Für Evagrius besteht Traurigkeit vor allem im fruchtlosen Hängen an der Vergangenheit. Immer wieder stellt man sich die Gefühle vor, die man früher hatte, daheim bei den Eltern, die Geborgenheit, die Sorglosigkeit usw. So gut es manchmal sein kann, sich mit seiner Vergangenheit zu beschäftigen, um sie zu verarbeiten und um sie als Wurzel für die Gegenwart zu erspüren, so wenig hilft es uns weiter, wenn wir ständig in die Vergangenheit schauen und uns nach Vergangenem zurücksehnen. Für Evagrius ist es vor allem gefährlich, vor der gegenwärtigen Wirklichkeit in die Vergangenheit zu fliehen, die endgültig vorbei ist und nie mehr wirklich werden wird. Aus der Vergangenheit können wir durchaus vieles für die Gegenwart lernen. Aber wenn sie zur Flucht vor der gegenwärtigen Auseinandersetzung wird, dann hindert sie uns, uns den heutigen Aufgaben zu stellen und daran zu reifen.

Während wir in der Traurigkeit passiv auf unsere unerfüllten Wünsche reagieren, ist der *Zorn* eine eher aktive Reaktion. Evagrius kann den Zorn auch mit einem Dämon identifizieren. Für ihn wird im Zorn deutlich, daß der Mensch ganz und gar von einer andern Kraft beherrscht werden kann.

„Der Zorn ist die heftigste der Leidenschaften. Er ist ein Aufwallen des erregbaren Teiles der Seele, das sich gegen jemanden richtet, der einen verletzt hat, oder von dem man sich verletzt glaubt. Er reizt, ohne aufzuhören, die Seele dieses Menschen und drängt sich vor allem während der Gebetszeit ins Bewußtsein. Dabei läßt er das Bild der Person vor seinen Augen aufsteigen, die ihm Unrecht getan hat. Manchmal hält er längere Zeit an und wandelt sich dabei zum Groll, der schlimme Erfahrungen während der Nacht verursacht. Meistens wird der Körper dadurch geschwächt. Es kommt zu mangelnder Nahrungsaufnahme. Jener Mensch wirkt dann blaß, und immer stärker plagen ihn im Traume Bilder, wie er von wilden, giftigen Tieren angegriffen wird. Immer wieder stellt er fest, daß vor allem diese vier zuletzt genannten Wirkungen seines Grolls viele seiner Gedanken begleiten" (Prak 11).

Evagrius hat den Zorn genau analysiert. Zorn ist dabei nicht einfach Aggression. Denn Aggressionen haben durchaus eine positive Bedeutung. Aggressionen wollen das Verhältnis von Nähe und Distanz regeln. Zorn ist die unkontrollierte Aggression: Der Mensch kann nicht mehr klar denken, wird von ihr beherrscht. Der Zorn hindert ihn am Beten. Ja, er kann zu Appetitlosigkeit führen und die Träume bestimmen, so daß das Unbewußte immer mehr negativ durchdrungen wird. Zorn kann den Menschen krank machen. Im Zorn hat der Mensch keinen Abstand mehr zu dem, der ihn verletzt hat. Er gibt ihm soviel Macht, daß er ihn überall hin verfolgt, in sein Gebet, in seine Mahlzeiten, in seine Träume. Nirgends wird er frei davon. Es ist wie ein Besetztsein.

Evagrius sagt einmal, daß der Dämon des Zorns die menschliche Seele auffresse. Dies finden wir heute von der Psychologie bestätigt, die begründet davon ausgeht, daß Krebs nicht selten eine psychische Ursache hat. Wenn man ständig alles in sich hineinfrißt, reagiert irgendwann einmal der Leib und wird im wahrsten Sinn des Wortes zerfressen.

Der gefährlichste Dämon ist der der *Akedia*, der den Mönch innerlich zerreißt. Evagrius schildert das Wirken dieses Dämons so: „Mit seiner Attacke auf den Mönch beginnt er so um die vierte Stunde und läßt bis etwa um die achte Stunde nicht nach damit. Zuerst scheint es dem Mönch, daß sich die Sonne, wenn überhaupt, nur ganz langsam weiterbewege, und daß die Länge des Tages mindestens fünfzig Stunden betrage. Er fühlt sich genötigt, dauernd aus dem Fenster zu schauen, die Zelle zu verlassen, sorgfältig nach der Sonne zu sehen, um festzustellen, wie weit sie noch von der neunten Stunde entfernt ist ... Langsam läßt er im Herzen des Mönches einen Haß auf den Ort aufsteigen, an dem er sich befindet, auf sein gegenwärtiges Leben und auch auf die Arbeit, die er verrichtet. ... Mit anderen Worten, er läßt nichts unversucht, den Mönch dahin zu bringen, seiner Zelle den Rücken zu kehren und den Kampf aufzugeben. Wird dieser Dämon aber besiegt, dann folgt so schnell kein anderer Dämon; ein Zustand tiefen

Friedens und unaussprechbarer Freude ist die Frucht eines siegreichen Ringens mit ihm" (Prak 12).

Akedia ist die Unfähigkeit, im Augenblick zu sein. Man hat weder Lust zum Arbeiten, noch zum Beten. Ja, man kann nicht einmal das Nichtstun genießen. Immer ist man woanders mit seinen Gedanken. Die innere Unruhe, die Unfähigkeit, den Augenblick zu genießen, zerreißt den Menschen innerlich. Die Akedia ist Ausdruck der Flucht vor der Realität. Man will seiner eigenen Wirklichkeit nicht ins Auge sehen. Daher muß man ständig woanders sein mit seinen Gedanken oder ständig etwas anderes tun. Aber man wird unfähig, etwas konsequent zu tun, sich auf etwas oder auf einen Menschen wirklich einzulassen.

Akedia wird auch der Mittagsdämon genannt, weil er um die Mittagszeit auftritt. Das kann aber auch symbolisch verstanden werden, und dann ist die Akedia vor allem der Dämon der Lebensmitte. In der Lebensmitte verliert man die Lust am Gewohnten. Man fragt sich, was das alles soll. Was man bisher geschaffen hat, wird einem langweilig und leer. Man findet aber auch nicht, wofür man sich engagieren sollte. So hängt man herum, wird zynisch, kann alles kritisieren. Aber man hat zu nichts wirklich Lust. Der Dämon der Lebensmitte ist eine Herausforderung, sich neu zu orientieren, sich von außen nach innen zu bewegen und in seiner Seele neue Werte zu entdecken, die der zweiten Lebenshälfte neuen Sinn geben.

Die Akedia scheint heute auch eine Grundstimmung vieler Jugendlicher zu sein. Sie sind unfähig, sich auf etwas einzulassen, sich für etwas zu begeistern. Sie können nicht im Augenblick leben. Um Leben zu spüren, müssen sie immer etwas Neues erleben. Für die Gewaltsamen unter ihnen ist die brutale Gewalt gegen andere der einzige Weg, sich selbst lebendig zu fühlen. Hier wird besonders deutlich, wie zerstörerisch die Akedia werden kann. Wer unfähig ist zu leben, wird auf Kosten anderer leben, muß andere schlagen, um sich selbst zu fühlen.

(3) Die drei „logismoi" des *geistigen* Bereichs sind Ruhmsucht, Neid und Stolz (Hybris).

Ruhmsucht ist das ständige Sichrühmen vor anderen. Alles tut man nur, um von den Menschen gesehen zu werden. Evagrius beschreibt die Ruhmsucht so: „Der Gedanke der Ruhmsucht ist ein recht schwieriger Geselle. Er entsteht gern in Menschen, die tugendhaft leben möchten. In ihnen weckt er das Verlangen, anderen mitzuteilen, wie schwierig ihr Ringen sei. Sie suchen damit die Ehre der Menschen. So gefallen sich solche Menschen z. B. dabei, sich vorzustellen, wie sie Frauen heilen ... Sie stellen sich vor, wie Menschen an ihre Türe klopfen, die sie abholen möchten, um mit ihnen zu sprechen und sie drängen, mitzukommen, wenn sie zaudern" (Prak 13).

In der Ruhmsucht denke ich ständig an die Menschen und ihre Meinung. Wie wirke ich auf sie? Finden sie auch gut, was ich tue? Ich bin nicht bei mir, ich mache mich abhängig vom Urteil der Menschen. Ja, ich denke mir immerzu aus, wie ich meinen nächsten Bühnenauftritt möglichst effektvoll gestalten kann, damit ich auch gebührend beklatscht werde. Natürlich tut uns allen gut, wenn wir anerkannt und bestätigt werden. Und es wäre Hybris, wenn wir meinten, wir seien von Anerkennung und Lob völlig unabhängig. Die Suche nach Anerkennung schleicht sich in alles ein, bis in unser frömmstes Tun hinein. Es geht nicht darum, völlig frei davon zu werden, sondern die Suche nach Anerkennung zu relativieren, so daß wir uns von ihr nicht abhängig machen. Wir spüren selbst, wie peinlich es beispielsweise ist, wenn Sechzig- und Siebzigjährige immer nur darauf achten, was die andern denken und erwarten. Das ist kein Leben, sondern nur ein Gelebtwerden.

Der *Neid* zeigt sich im ständigen Sich-Vergleichen mit andern. Ich kann keinem andern begegnen, ohne mich mit ihm zu vergleichen. Ich fange sofort an zu werten, zu bewerten, zu entwerten und aufzuwerten. Normalerweise versuche ich den andern zu entwerten, um mich selbst aufzuwerten. Ich schaue nach seinen Schwachstellen oder entwerte sein Auftreten als verklemmt, als krankhaft, seinen Erfolg als Schein, seine Intelligenz als schwach usw. Und umgekehrt: Wenn mir das nicht gelingt, dann entwerte ich mich selbst und hebe den andern auf den Podest.

Auch im Neid bin ich nicht bei mir, bin ich mit mir selbst nicht zufrieden, habe kein Gefühl für meine Würde. Ich erkenne meinen Wert immer nur im Vergleich mit andern. Das ist sehr anstrengend. Es zwingt mich entweder, die andern übertreffen zu müssen, oder aber es stürzt mich in Depression, weil ich keine Chance sehe, mit den andern mithalten zu können.

Die *Hybris*, der Stolz, macht Menschen blind. Der Stolze hat sich so sehr mit seinem Idealbild identifiziert, daß er sich weigert, seine Realität anzuschauen. „Der Dämon des Stolzes ist Ursache für den schlimmsten Fall des Menschen. Er nämlich verführt den Mönch dazu, nicht in Gott die Ursache seiner tugendhaften Handlungen zu suchen, sondern bei sich selbst. ... Zu guter Letzt befällt den Stolzen die schlimmstmögliche Krankheit, er wird geistesgestört, verfällt dem Wahnsinn und unterliegt Halluzinationen, die ihm ganze Scharen von Dämonen am Himmel vorgaukeln" (Evagrius, Prak 14).

In der Hybris steigert sich der Mensch so sehr in die Scheinwelt seiner eigenen Ideale hinein, daß er den Kontakt zur Wirklichkeit verliert. Das macht ihn wahnsinnig. C. G. Jung nennt diese Haltung Inflation: Man bläht sich auf mit Idealen und Vorstellungen, die einem nicht zustehen. Inflation geschieht immer, wenn wir uns mit einem archetypischen Bild identifizieren, z. B. mit dem Bild des Propheten: ‚Ich bin der einzige, der durchblickt, der sich getraut, die Wahrheit zu sagen.‘ Oder mit dem Bild des Märtyrers: ‚Ich werde nicht verstanden, ich muß halt leiden, weil ich wie Jesus so anders bin, weil ich allein für die Wahrheit einstehe.‘ Solche Worte klingen oft recht fromm. Aber dahinter steht die Hybris, sein zu wollen wie Gott oder wie Menschen, die Gott in besonderer Weise berufen hat.

Ja, so eine Hybris macht blind. Als Prophet bin ich blind für die eigene Wirklichkeit. Ich sage der Welt, was richtig ist, aber ich kenne mich selber gar nicht. Ich weigere mich, mich selbst anzuschauen. Jesus heilt den Blindgeborenen, indem er auf den Boden spuckt und ihm den Dreck liebevoll in die Augen schmiert, gleichsam als wolle er sagen: „Du bist doch auch von der Erde genommen. Söhne dich aus mit dem Schmutz, der auch in dir ist, mit deinen Schattenseiten. Sei Mensch, dann kannst du wieder sehen. Solange du deine Erdhaftigkeit leugnest, wirst du auch nicht sehen können."

7 Der Umgang mit unseren Leidenschaften

Bei der Beschreibung dieser 9 „logismoi" spüren wir schon, wie viel psychologische Erfahrung Evagrius in seinem Kellion gesammelt hat. Aber noch wichtiger als das Wissen um die logismoi ist für ihn der Umgang mit den Gedanken und Gefühlen. Evagrius rät für jede Leidenschaft eine andere Methode. Die drei Grundtriebe – Essen, Sexualität und Habsucht – werden durch Askese, durch Fasten und durch Almosen verwandelt. Hier ist die Disziplin ein guter Weg, die Triebe nicht zu unterdrücken, sondern sie zu formen, daß sie uns als Kraftpotential zur Verfügung stehen. Die Traurigkeit überwinden wir, indem wir die Abhängigkeit von der Welt fliehen, indem wir loslassen, woran wir hängen, und uns innerlich frei machen.

Die meisten Ratschläge gibt Evagrius dazu, wie wir mit dem *Zorn* umgehen können. Ärger, Zorn und Groll beschäftigen uns im Alltag ja immer wieder.

Eine Hilfe ist, den Ärger vor dem Schlafengehen anzuschauen und abzulegen, damit er sich nicht im Traum im Unbewußten festsetzt und sich am nächsten Tag als diffuse Unzufriedenheit äußert. Wenn wir den Ärger in die Nacht mitnehmen, verlieren wir die Kontrolle über uns, wir werden weiter aus dem Unbewußten von Ärger und Groll gesteuert. „Laß die Sonne nicht über deinem Zorn untergehen, sonst kommen während deiner Nachtruhe die Dämonen und ängstigen dich und machen dich so noch feiger für den Kampf des folgenden Tages. Denn die Wahnbilder der Nacht entstehen gewöhnlich durch den erregenden Einfluß des Zorns. Und nichts macht den Menschen so sehr bereit, sein Ringen aufzugeben, als wenn er seine Regungen nicht kontrollieren kann" (Evagrius, Prakt 21).

Wenn der Zorn das Unbewußte infiziert hat, verliert der Mensch jede Kontrolle über sich, und er wird seinem Zorn schutzlos ausgeliefert. Das aber zerreißt ihn. Am Abend seinen Zorn nochmals anzuschauen und im Gebet vor Gott abzulegen ist daher nicht in erster Linie eine moralische Forderung, als vielmehr eine psychologische, die der Gesundheit des Leibes und der Seele dient.

Bei einem Priestertag klagten viele Geistliche darüber, daß sie am Abend oft verärgert und frustriert von irgendwelchen Sitzungen kommen und dann keine Lust haben für Meditation oder Lesung. Sie stopfen statt dessen ihren Frust mit Essen, Trinken oder Fernsehen zu. Dann aber werden die unaufgearbeiteten Gefühle sich in ihnen festsetzen, das Unbewußte durchdringen und sich am nächsten Tag als diffuse Unzufriedenheit und Leere äußern. Sich abends von seinen negativen Gefühlen im Gebet zu distanzieren macht uns im Traum offen für Gottes heilenden Zuspruch.

Vor allem warnt Evagrius vor Gedankenspielen mit dem Zorn: „Gib dich auch nicht auf die Art dem Zorne hin, daß du dich in Gedanken mit dem streitest, der dich verärgert hat" (Prak 23). Denn das verdüstert unsere Seele und trübt unsern Geist. Wir dürfen den Zorn aber auch als positive Kraft benutzen, indem wir uns gegen die Dämonen wenden, gegen Versuchungen, gegen Gedanken, die uns am Leben hindern: „Zornig dürfen wir sein, wenn wir uns gegen die Dämonen wenden und wenn wir gegen die Vergnügen ankämpfen" (Prakt 24).

Wut ist oft eine wichtige Kraft, um uns von negativen Erinnerungen zu befreien und um Menschen aus uns herauszuwerfen, die uns verletzt haben. Solange wir um die Verletzung kreisen, geben wir denen, die uns verwundet haben, Macht über uns. Manche wühlen da ständig in ihren eigenen Wunden. Da ist Wut eine ganz wichtige Kraft. Wenn ich Wut empfinden kann gegenüber dem, der mich verletzt hat, dann kann ich mich distanzieren, dann kann ich trennen zwischen den Problemen des andern und meinen eigenen. Wut ist der erste Schritt zur Befreiung und Heilung.

Ich habe es einige Male erlebt, daß Frauen, die als Kinder sexuell mißbraucht worden sind, sich selbst noch schuldig fühlen und gar keine Wut spüren. Erst wenn sie mit ihrer Wut in Berührung kommen, können sie ihre traumatische Erfahrung verarbeiten. Wut ist die Kraft, sich von der traumatischen Erfahrung zu distanzieren und den, der verletzt hat, aus sich zu entfernen, damit man wieder frei wird, damit Gottes heilender Geist wieder eindringen kann.

Bei der *Akedia* gibt Evagrius zwei Ratschläge. Der eine betrifft die Standhaftigkeit. Wir sollen entschlossen in unserer Zelle bleiben und einfach aushalten, was sich da in unserem Innern tut: „Nimm einfach an, was die Versuchung über dich bringt. Vor allem sieh dieser Versuchung der Akedia ins Auge, denn sie ist die schlimmste von allen, sie hat aber auch die größte Reinigung der Seele zur Folge. Vor solchen Konflikten zu fliehen oder sie zu scheuen macht den Geist ungeschickt, feige und furchtsam" (Prak 28).

Wenn ich meine innere Unruhe aushalte und sie genauer anschaue, kann ich vielleicht entdecken, was sich in ihr regt. Da spüre ich, daß sie einen Sinn hat. Die Unruhe möchte mich von der Illusion befreien, ich könnte mich selbst durch Disziplin verbessern und in Griff bekommen. Die Unruhe zeigt mir meine Ohnmacht. Wenn ich mich damit aussöhne, reinigt das die Seele und gibt neue innere Klarheit. Ich spüre mitten in meiner Unruhe einen tiefen Frieden. Die Unruhe darf also sein. Sie will mich letztlich auf Gott hintreiben, so wie Augustinus seine Unruhe als Ansporn erfahren hat, in Gott seine Ruhe zu finden.

Der zweite Rat zielt auf das Gebet: „Wenn die Akedia uns versucht, dann ist es gut, unter Tränen unsere Seele gleichsam in zwei Teile zu teilen: in einen Teil, der Mut zuspricht, und in einen Teil, dem Mut gemacht wird. Wir säen Samen einer unerschütterlichen Hoffnung in uns, wenn wir mit König David singen: Warum bist du betrübt, meine Seele, und bist so unruhig in mir? Harre auf Gott, denn ich werde ihm noch danken, meinem Gott und Retter, auf den ich schaue" (Prak 27).

Es ist die antirrhetische Methode, die Evagrius hier empfiehlt. Sie hat er vor allem in seinem Buch „Antirretikon" entfaltet. Dort ist sie nicht nur eine Hilfe bei der Akedia, sondern in jeder Situation. Evagrius sammelt gegen jeden Gedanken, der uns krankmachen möchte, der uns abhält von der Freiheit, von der Liebe, vom Leben, ein Wort aus der Bibel und setzt es dagegen. So soll sich jemand, der sich die Sünden seiner Jugend ständig vorhält und sich vorsagt, daß bei ihm alles verkehrt sei, das Wort 2 Kor 5, 17 immer wieder sagen: „Ist einer in Christus, ist er eine neue Schöpfung. Das Alte ist vergangen. Siehe, es wurde neu." So ein Wort verwandelt allmählich unsere Gefühle von Traurigkeit und Selbstmitleid. Es bringt uns in Berührung mit der positiven Kraft, die in uns ist, mit dem Hl. Geist, der in uns schon am Werk ist, der wie eine Quelle in uns sprudelt, dazu bereit, daß wir daraus schöpfen.

Gegen *Ruhmsucht* nennt Evagrius das Mittel der Erinnerung. Wir sollen uns daran erinnern, woher wir kommen, mit welchen Leidenschaften wir zu kämpfen hatten und wie es nicht unser Verdienst war, daß wir gesiegt haben, daß Christus uns vielmehr in unserem Kampf beschützt hat. Die Erinnerung wird uns zeigen, daß wir keine Garantie für das Gelingen unseres Lebens haben, daß es vielmehr Gnade Gottes ist. Evagrius sagt, der Dämon des Stolzes und der Ruhmsucht werde immer wieder in uns auftauchen, gerade dann, wenn wir in der Askese weit vorangeschritten sind.

Das wirksamste Mittel ist die Kontemplation. Wenn wir in der Kontemplation eins mit Gott geworden sind, dann zählt auf einmal nicht mehr, was die Menschen von uns denken, dann definieren wir uns nicht mehr von Anerkennung und Bestätigung her, sondern haben unseren Grund in Gott gefunden.

Evagrius hat am systematischsten dargelegt, wie wir mit unseren Gedanken und Gefühlen umgehen sollen. Aber das Thema taucht auch immer wieder in den Vätersprüchen auf. Und da werden noch viele andere Ratschläge gegeben, wie wir auf die Leidenschaften reagieren sollen. Immer wieder raten uns die Altväter, daß wir uns mit den Leidenschaften beschäftigen und uns mit ihnen vertraut machen sollen. Der Dialog mit ihnen kann uns zeigen, welch positive Kraft in ihnen steckt und wie diese Kraft in unser Leben integriert werden möchte. Zwei Vätersprüche, beide von Abba *Poimen*, sollen das zeigen:

„Ein Bruder kam zum Altvater Poimen und sagte: ‚Vater ich habe vielerlei Gedanken und komme durch sie in Gefahr.‘ Der Altvater führte ihn ins Freie und sagte zu ihm: ‚Breite dein Obergewand aus und halte die Winde auf!‘ Er antwortete: ‚Das kann ich nicht!‘ Da sagte der Greis zu ihm: ‚Wenn du das nicht kannst, dann kannst du auch deine Gedanken nicht hindern, zu dir zu kommen. Aber es ist deine Aufgabe, ihnen zu widerstehen‘" (Apo 602). In diesem

Spruch wird deutlich, daß wir die Gedanken gar nicht abhalten können. Wir sind nicht für die Gedanken verantwortlich, die in uns auftauchen, sondern nur dafür, wie wir mit ihnen umgehen. Wir sind also nicht schlecht, wenn Gedanken uns bedrängen. Denn nicht wir denken diese Gedanken, sondern sie kommen von außen auf uns zu. Diese Unterscheidung zwischen uns als Person und den Gedanken, die in uns einströmen, gibt überhaupt erst die Möglichkeit, mit den Gedanken richtig umzugehen. Da werden wir uns nicht gleich beschuldigen, wenn etwa Haß oder Eifersucht in uns sind. Wir werden vielmehr überlegen, wie wir darauf so reagieren können, daß sie uns nicht beherrschen. Dabei geht es aber nie darum, die Gedanken zu unterdrücken, sondern mit ihnen zu reden, wie der zweite Väterspruch zeigt:

„Abba Poimen fragte einmal den Altvater Joseph: ‚Was soll ich tun, wenn die Leidenschaften an mich herankommen? Soll ich ihnen widerstehen oder sie eintreten lassen?' Der Greis sagte zu ihm: ‚Laß sie eintreten und kämpfe mit ihnen.' In die Sketis zurückgekehrt, setzte er sich hin. Und es kam einer von den Thebäern in die Sketis und sagte zu den Brüdern: ‚Ich fragte den Abba Joseph: Wenn die Leidenschaften mir nahekommen, soll ich widerstehen oder sie einlassen? Und er sagte mir: Laß sie ganz und gar nicht hereinkommen, sondern haue sie auf der Stelle aus!' Der Altvater Poimen hörte, daß der Abba Joseph so zum Thebäer gesprochen hatte. Er machte sich auf und ging zu ihm nach Panepho und sagte zu ihm: ‚Vater, ich habe dir meine Gedanken anvertraut und siehe, du hast zu mir so gesprochen, aber anders zu dem Thebäer.' Der Greis gab zur Antwort: ‚Weißt du nicht, daß ich dich liebe?' Er sagte: ‚Ja!' Der Alte: ‚Sagtest du nicht zu mir: Wie zu dir selber, so sprich zu mir?' Er antwortete: ‚So ist es!' Da sprach der Greis: ‚Wenn die Leidenschaften eintreten, und du ihnen gibst und von ihnen nimmst, so werden sie dich bewährter machen. Ich habe aber zu dir gesprochen, wie zu mir selbst! Es gibt aber andere, denen es nicht frommt, daß die Leidenschaften an sie herankommen. Sie haben es nötig, sie auf der Stelle abzuschneiden!'" (Apo 386).

Hier wird deutlich, daß es zwei verschiedene Wege gibt, mit den Leidenschaften umzugehen. Der eine Weg ist, sich mit den Leidenschaften vertraut zu machen, sie bei sich eintreten zu lassen, um sie genauer beobachten zu können. Indem ich mit meiner Leidenschaft vertraut werde, kann ich die Kraft entdecken, die in ihr steckt. Und die Leidenschaft kann mir vielleicht sagen, welche Sehnsucht in ihr wohnt, wohin sie mich eigentlich treiben möchte. Der Dialog mit der Leidenschaft zeigt mir, was in mir nicht leben kann. Wenn z. B. große Wut in mir ist, dann hat sie immer einen Sinn. Es hat keinen Zweck, sie einfach zu unterdrücken. Vielleicht zeigt sie mir, daß ich andern zuviel Macht gegeben habe. Die Wut könnte mir dann Kraft geben, den andern aus mir herauszuwerfen, mich von ihm zu befreien.

Eine Frau, deren Mann Alkoholiker war, spürte in sich Haßgefühle, ja sogar Mordgedanken ihrem Mann gegenüber. Sie beschuldigte sich, daß sie ganz schlecht sei, weil sie so etwas überhaupt denken könne. So geht es vielen Menschen, die sich für ihre negativen Gedanken beschuldigen. Die Mönche sind da barmherziger. Sie sagen, der Gedanke ist nicht schlecht, er hat einen Sinn. Ich muß nur die Kraft entdecken, die darin steckt. Im Haßgefühl dem Mann gegenüber steckt der Impuls: ,Ich habe auch ein Recht zu leben. Ich lasse mich nicht kaputtmachen.' Wenn ich diesen Impuls lebe, dann brauche ich den Haß nicht. Das Haßgefühl, das in mir auftaucht, ist nicht schlecht. Es ist ein Alarmsignal, daß ich einem andern zuviel Macht über mich zugestehe. Wenn ich das Signal höre und entsprechend handle, wird das Gefühl weichen. Wenn ich das Gefühl unterdrücke, werde ich den Haß nie loswerden. Und dann wird er mich zerstören. Wir sind also nicht verantwortlich für die Gedanken, die in uns auftauchen, wohl aber dafür, wie wir mit ihnen umgehen.

Aber – so sagt uns Abba *Joseph* – es gibt auch andere, für die es besser ist, negative Gedanken und Gefühle einfach abzuhauen, sie gar nicht an sich heranzulassen. Wenn ich merke, daß ich immer wieder an Menschen denke, die mich verletzt haben, dann kann es hilfreich sein, mir diese Gedanken zu verbieten. Entweder ich denke die Gedanken wirklich durch und überlege, wie ich darauf reagieren soll. Ich verarbeite sie und kann sie dann ablegen. Aber wenn sie dann trotzdem immer wieder hochkommen, hat es keinen Zweck, noch weiter darüber nachzudenken. Dann muß ich sie einfach abschneiden, aus mir herauswerfen. Andere sind fasziniert von Selbstmordgedanken, die sie sich ausmalen. Da ist es notwendig, die Gedanken abzubrechen, wenn sie auftauchen. Sich zulange damit zu beschäftigen, kann gefährlich sein. Oder, es gibt destruktive Gedanken, die man längst durchschaut hat, die aber trotzdem immer wieder hochkommen. Auch da hat es keinen Zweck, sie noch weiter zu analysieren. Man muß sich von ihnen verabschieden.

Welche Methode ich hier anwenden soll, das muß ich selbst herausfinden. Normalerweise ist es angebracht, ein Gefühl zu durchdenken. Oft brauche ich dabei den Schutz eines anderen, mit dem ich über meine Gefühle spreche. Aber wenn die Gedanken trotzdem immer wieder kommen, dann kann es hilfreich sein, sie sich zu verbieten. Es gibt aber auch Menschen, die sich von vornherein negative Gedanken verbieten und die gerade umso mehr von ihnen gequält werden. Da wäre es angebracht, sich genauer mit den Gedanken zu beschäftigen.

Eine junge Frau und Mutter hat mir erzählt, daß sie oft erschrickt über den Gedanken, sie könne ihr Kind umbringen. Aus heiterem Himmel kommt ihr, wenn sie ihr Kind wickelt, manchmal der Gedanke, sie könne es jetzt töten. Sie gerät dann in Panik, daß ihr das tatsächlich einmal passieren könne. Hier hat es keinen Zweck, sich den Gedanken zu verbieten. Denn dann kommt er erst recht mit Macht auf sie zu. Wenn sie mit diesem Gedanken spräche, dann würde er ihr wahrscheinlich sagen, daß sie sich mit ihrer Aggression aussöhnen solle. Als Mutter meint sie, sie dürfe ihr Kind nur lieben, sie dürfe keine negativen Gedanken gegen es haben. Es ist aber ganz natürlich, daß die Mutter nicht nur Liebe, sondern auch Aggression spürt. Die Aggression hat den Sinn, daß sie sich nicht total mit dem Kind identifiziert, sondern die nötige Distanz sucht, die sie braucht, um auf Dauer das Kind lieben zu können. Die Mutter müßte also auf ihre Aggressionen hören und sich dann entsprechend abgrenzen, besser für sich selbst sorgen. Dann wird ihre Beziehung zum Kind ausgeglichen. Aber wenn sie alle ihre Aggressionen unterdrückt und verdrängt, dann werden in ihr diese unkontrollierten Gedanken hochkommen, das Kind umzubringen.

Der Dialog mit den Gedanken ist vor allem bei der *Angst* angebracht. Auch die Angst hat einen Sinn und will mir etwas sagen. Ohne Angst hätte ich auch kein Maß, da würde ich mich ständig überfordern. Aber oft blockiert mich die Angst. Wenn ich dann mit der Angst rede, kann sie mich auf eine falsche Lebenseinstellung hinweisen. Oft rührt die Angst von einem Perfektionsideal her. Ich habe Angst, mich zu blamieren, einen Fehler zu machen. Ich traue mich nicht, in der Gruppe zu reden, aus Angst, ich könnte stottern, oder die andern könnten es nicht gut finden. Ich habe

Angst vorzulesen, weil ich steckenbleiben könnte. Hier weist die Angst immer auf übertriebene Erwartungen hin.

Letztlich ist es Stolz, der Angst bewirkt. So könnte mich das Gespräch mit meiner Angst zur Demut, zur humilitas führen. Ich könnte mich aussöhnen mit meinen Grenzen, mit meinen Schwächen und Fehlern: ‚Ich darf mich blamieren. Ich muß nicht alles können.'

Es gibt aber auch Ängste, die nicht auf eine falsche Lebenshaltung hinweisen, sondern die notwendigerweise mit dem Menschsein verbunden sind. Da ist die Angst vor der Einsamkeit, die Verlustangst, die Angst vor dem Sterben. In jedem Menschen ist ein Stück weit die Angst vor dem Tod. Bei manchen kommt sie jedoch oft bedrohlich hoch. Es wäre dann wichtig, mit der Angst zu sprechen: ‚Ja, ich werde auf jeden Fall sterben.' Die Angst kann mir helfen, mich mit dem Tod auszusöhnen, einverstanden zu sein, daß ich sterblich bin. Wenn ich der Angst auf den Grund gehe, sie zulasse, so kann ich mitten in der Angst einen tiefen Frieden spüren. Die Angst wandelt sich in Gelassenheit, Freiheit und Frieden.

Eine andere Angst kann uns erfassen, wenn wir unsern Beruf, unsere Krankheit, unsere Ehe anschauen. Wir bekommen Angst, ob wir unsere Ehe immer durchhalten können, ob wir treu sein können, ob wir die Schmerzen aushalten, die uns die Krankheit schicken kann. Man spricht heute auch von der Bindungsangst junger Menschen, die sich weder in der Ehe, noch im Orden für immer binden wollen. Hier zeigt uns ein Apophthegma einen andern Weg, mit dieser Angst umzugehen: „Man erzählte vom Abba Theodor und dem Abba Lukios, denen von Ennatu, daß sie fünfzig Jahre mit ihren Gedanken Spott trieben, indem sie sagten: Nach diesem Winter gehen wir von hier fort. Wenn dann der Sommer kam, sagten sie: Nach diesem Sommer wandern wir von hier aus. Auf diese Weise machten es diese unvergeßlichen Väter die ganze Zeit" (Apo 298).

Viele bekommen Angst, wenn sie sich vorstellen, sie müßten immer am gleichen Ort sein, immer an der gleichen Schule Lehrer, immer an diese Familie gebunden sein. Es kann dann eine Hilfe sein, wirklich ja zu sagen zu meiner Situation. Aber manchmal überfordert auch ein absolutes Ja, es verstärkt die Angst, ob wir dazu auch fähig seien. Dann könnte es darum gehen, daß wir uns mit den Altvätern von Ennatu damit begnügen, nur zum heutigen Tag ja zu sagen. Wir sagen heute ja. Morgen können wir vielleicht woanders sein. Diese Methode haben die vielen anonymen Selbsthilfegruppen übernommen. Die anonymen Alkoholiker wissen, daß sie nicht dafür garantieren können, immer trocken zu sein. Sie bitten Gott nur für diesen einen Tag um die Kraft, ohne Alkohol zu leben. So würde unser Leben besser gelingen, wenn wir nicht alles auf einmal wollen, sondern Gott immer nur um die Kraft für diesen einen Tag bitten. Der andere Gedanke – vom Kloster wegzugehen, aus der Ehe auszusteigen, wieder zu trinken – wird nicht total verleugnet. Man spielt sogar mit ihm. Aber dadurch nimmt man ihm die Kraft. Der Gedanke wird sowieso kommen. Es hat also keinen Zweck, ihn total zu bekämpfen. Wenn wir spielerisch mit ihm umgehen, wird der Gedanke nie Macht über uns bekommen. Die Methode der Altväter bewahrt uns davor, uns alle Konsequenzen auf einmal vor Augen zu halten. Wir lassen uns auf einen Weg ein, in der Hoffnung, daß Gott uns führt. Wir sehen uns die nächste Wegstrecke an, aber wir denken nicht immer an den ganzen langen beschwerlichen Weg.

Eine weitere Methode, mit unseren Gedanken und Gefühlen, mit unseren Leidenschaften und Bedürfnissen umzugehen, besteht darin, sie zu Ende zu denken, sie bis in alle

Konsequenzen hinein sich auszumalen, sich die Leidenschaften in der Vorstellung zu erlauben. Auf diese Weise können wir ihnen die Kraft nehmen, mit der sie uns immer wieder anfechten. Und wir können vielleicht auch entdecken, wohin uns die Leidenschaften eigentlich führen möchten. Oft stehen z. B. sexuelle Phantasien für etwas ganz anderes, für die Sehnsucht, lebendig zu sein, sich fallen zu lassen, sich hingeben zu können. Wenn ich ständig gegen die sexuellen Phantasien ankämpfe und sie unterdrücke, werden sie immer wiederkehren, wenn ich sie zu Ende denke und fühle, können sie sich verwandeln in einen Antrieb zum Leben, ja in einen Antrieb auf Gott hin.

Von Abba *Olympios* wird berichtet, wie er sich den Gedanken, eine Frau zu nehmen, bis in alle Einzelheiten hinein erlaubt. Ja, er formt aus Lehm eine Frau, sieht sie sich an und sagt zu sich: „Sieh, das ist dein Weib, jetzt mußt du viel arbeiten, um sie zu ernähren. Und er arbeitete mit großer Anstrengung. Nach einem Tag machte er wieder Lehm zurecht und formte daraus eine Tochter, und er sprach zu sich: Dein Weib hat geboren! Nun mußt du noch mehr arbeiten, damit du dein Kind ernähren und bekleiden kannst. Mit solchem Tun arbeitete er sich auf und sagte zu sich: Ich vermag die Mühe nicht mehr zu ertragen. Und er sprach zu sich: Wenn du die Mühe nicht ertragen kannst, dann verlange auch nicht nach einem Weibe. Gott sah seine Anstrengung und nahm den Kampf von ihm, und er bekam Ruhe" (Apo 572). Abba Olympios läßt den Wunsch, mit einer Frau zu schlafen, zu. Ja, er formt sich eine Frau aus Lehm. Er sieht sich seinen Wunsch offen an. Aber er konfrontiert den Wunsch auch mit der Wirklichkeit. Mit einer Frau zu leben heißt für ihn zugleich, für sie zu arbeiten. Vielleicht kommt uns das Argument etwas zu einfach vor, daß er nur wegen der vielen Arbeit keine Frau will. Aber entscheidend ist hier, daß Olympios auf der einen Seite angstfrei mit seinem Bedürfnis nach einer Frau umgeht, daß er es sich nicht nur in der Phantasie vorstellt, sondern sich eine Frau aus Lehm formt und sie wirklich ansieht. Auf der andern Seite aber bleibt er nicht bei der schönen Phantasie stehen, mit der Frau zu schlafen und zu leben, sondern er malt sich auch die Konsequenzen aus. Er stellt den Wunsch in die Realität. Und weil der Wunsch in die nüchterne Realität hinein weitergedacht wird, verliert er das Bedrohliche. Nun kann er nüchtern mit dem Wunsch umgehen.

Das Problem ehelos lebender Männer und Frauen ist ja, daß sie sich romantische Vorstellungen von der Ehe machen. Ob sie den Weg der Ehe gehen sollen oder nicht, kann nicht eine romantische Vorstellung entscheiden, sondern die nüchterne Frage, ob das wirklich mein Weg ist. Ob es mein Weg ist, erkenne ich, wenn ich auch die Konsequenzen anschaue. Diese Methode gilt aber nicht nur für Ehelose. Viele träumen sich in Luftschlösser hinein. Sie werden unzufrieden, weil die Phantasie eine viel schönere Welt verheißt. Da ist die Methode des Abbas Olmpios hilfreich, das Luftschloß auf den Boden zu bringen, die Phantasie mit der Realität zu konfrontieren, sie sich mit allen Konsequenzen auszumalen. Dann verwandelt sie sich. Dann zeigt sie mir, was wirklich in mir leben möchte und wie ich diesen Wunsch mit der Wirklichkeit verbinden könnte, ohne mein bisheriges Lebenskonzept über den Haufen zu werfen.

Ein anderer Gedanke kann uns bedrängen: auszusteigen aus dem bisherigen Leben, aus dem bisherigen Beruf, etwas ganz anderes zu tun. Oft nützen da alle Argumente nichts. Der Gedanke kommt einfach immer wieder hoch. Auch da zeigen einige Vätersprüche einen Weg. Ein Altvater, der jahrelang vergeblich gegen den Gedanken angekämpft hatte, einen bestimmten Mitbruder zu besuchen, stellt sich konkret vor, wie er zu diesem Mitbruder geht, ihn begrüßt und mit ihm spricht. Er stellt sich die Mahlzeit mit ihm vor, kocht sich etwas, ißt und trinkt kräftig, „und sogleich verschwand der Kampf" (Apo 22).

Manche, die mit ihrem Beruf unzufrieden sind, müssen sich einmal wirklich mit dem Wunschberuf beschäftigen und ihn ausprobieren, um sich dann geheilt dem bisherigen mit neuer Kraft und Zufriedenheit zuwenden zu können. Oder ein Ehemann, der sich in eine andere Frau verliebt hat, kann oft nur dann von seinen romantischen Träumen loskommen, wenn er sich konkret vorstellt, wie das aussehen würde, mit dieser Frau zu leben, alles Bisherige aufzugeben und Tag für Tag bei dieser Frau zu sein. Wenn er seine Träume in die Realität stellt, wenn er sie wirklich zuläßt, kann er sich von ihnen auch wieder verabschieden.

Auch bei der antirrhetischen Methode, die wir bei der Überwindung der Akedia schon kennengelernt haben, geht es darum, seine eigenen Gedanken kennenzulernen und dann in der Hl. Schrift nach dem Heilungswort zu suchen, das die krankmachenden Gedanken zu heilen vermag. Diese Methode, ein Schriftwort gegen seine negativen Gedanken oder Gefühle zu sprechen, hat ja die amerikanische Methode des sog. positiven Denkens übernommen. Aber dort scheint es oft so, als ob wir unsere Gefühle manipulieren könnten. Wir bräuchten nur positiv zu denken, dann wäre alles in Ordnung.

Evagrius begründet die antirrhetische Methode sowohl mit der Praxis Davids als auch mit Jesu Tun. So schreibt er in einem Brief, der Intellekt müsse erst die trügerischen Ränke der Dämonen kennenlernen. Das sei die Voraussetzung für die Erkenntnis Christi, für die Kontemplation. Der Weg dorthin geht über den Kampf mit den Dämonen: „Deshalb muß er (der Intellekt) seinem Gegner gegenüber unerschrocken sein, wie der selige David aufzeigt, indem er

Stimmen wie aus dem Munde der Dämonen anführt und ihnen dann widerspricht. Wenn nämlich die Dämonen sagen: ‚Wann wird er sterben und sein Name vergehen?', dann spricht auch er: ‚Ich werde nicht sterben, sondern leben und die Werke des Herrn verkünden.' Und wiederum, wenn die Dämonen sagen: ‚Flieh und weile auf den Bergen wie der Sperling', dann spreche auch er: ‚Denn er ist mein Gott und mein Retter, mein starker Zufluchtsort, ich werde nicht wanken.' Sieh also die einander widersprechenden Stimmen und liebe den Sieg, ahme David nach und achte auf dich selbst!" (Brief 11).

Die Methode Davids besteht darin, seine Seele in zwei Teile zu teilen, in den Bereich, der traurig ist, und in den, der Mut zuspricht, in den, der krank ist, und in den, der gesund ist. Und dann sollen diese beiden Bereiche miteinander ins Gespräch kommen. Der kranke Teil äußert sich in negativen Einreden, wie: ‚Ich kann das nicht, keiner mag mich, keiner kümmert sich um mich, bei mir geht alles schief.' Gegen solche Gedanken soll man sich ein Wort aus der Schrift suchen. Evagrius hat das in seinem Buch Antirrhetikon für seine Mitbrüder getan: „Weil wir aber die Worte, die gegen unsere Feinde, die verhaßten Dämonen, gesprochen werden müssen, in der Stunde des Kampfes nicht schnell finden, da sie in den Schriften verstreut sind und es schwierig ist, sie zu finden, deshalb haben wir voll Eifer die Worte aus den Schriften ausgelesen, damit wir, mit ihnen bewaffnet, kraftvoll die Philister verfolgen, indem wir als starke Männer und Soldaten unseres siegreichen Königs Jesus Christus im Kampfe stehen" (Antirrhetikon, Prolog).

Christus selbst ist bei diesem Kampf Vorbild. Als er vom Teufel versucht wurde, hat er Worte der Schrift gegen seine lügnerischen Einreden gesprochen: „Unser Herr Jesus Christus selbst, der alles preisgegeben hat, um uns zu erretten, hat uns verliehen, über Schlangen und Skorpione zu schreiten und über jegliche Macht des Bösen. Und zusammen mit seiner ganzen Lehre überlieferte er uns, was er selbst getan hat, als er vom Satan versucht wurde, damit wir zur Zeit des Kampfes, wenn die Dämonen gegen uns ankämpfen und ihre Geschosse gegen uns schleudern, mittels der heiligen Schriften ihnen widersprechen, damit in uns nicht die verruchten Gedanken bleiben und die Seele durch die tatsächlich geschehende Sünde unterjochen, sie beflecken und in den Tod der Sünde versinken lassen. ... Sooft nämlich in der Seele kein geeigneter Gedanke vorhanden ist, der dem Bösen ohne Mühe und schnell zu widersprechen weiß, hat die Sünde die Übermacht" (Antirrhetikon, Prolog).

Die antirrhetische Methode verlangt, daß wir zuerst unsere Gedanken genau beobachten, daß wir sie anschauen, ob sie uns krank machen oder gesund, ob sie uns aufrichten oder niederziehen, ob sie dem Geist Gottes entsprechen oder nicht. Evagrius beschreibt das Prüfen der Gedanken mit dem Bild des Türhüters: „Sei ein Türhüter deines Herzens und laß keinen Gedanken ohne Befragung herein. Befrage einen jeden Gedanken einzeln und sprich zu ihm: ‚Bist du einer der unsren oder einer unserer Gegner?' Und wenn er zum Hause gehört, wird er dich mit Frieden erfüllen. Wenn er aber des Feindes ist, wird er dich durch Zorn verwirren oder durch eine Begierde erregen. Solcherart nämlich sind die Gedanken der Dämonen" (Brief 11). Evagrius deutet hier Jesu Gleichnis vom Türhüter (Mk 13,34f). Wir sollen genau beobachten, welche Gedanken in unser Haus eintreten wollen. Den Gedanken der Dämonen, die uns krankmachen, die uns am Leben hindern und die uns Gott gegenüber verschließen, sollen wir den Zutritt verwehren, indem wir ihnen ein Wort der Schrift entgegenhalten. Und wenn wir diese negativen Gedanken schon in unserem Hause vorfinden, sollen wir sie wieder mit Hilfe eines Schriftwortes aus dem Haus vertreiben.

Auch bei dieser Methode ist also eine gründliche Selbsterforschung die Voraussetzung. Die Reaktion auf die Gedanken ist nur anders. Hier führen wir keinen Dialog mit den Gedanken, indem wir sie befragen, was sie uns sagen möchten, welche Kraft in ihnen steckt, sondern wir setzen etwas dagegen. Diese Methode ist immer dann richtig, wenn wir spüren, daß die Gedanken nutzlos sind, daß sie uns nicht auf eine Lebensspur führen, sondern uns nur am Leben hindern wollen. Vor allem ist diese Methode angebracht, wenn die Gedanken immer wiederkehren, wenn sie zu einer Art Lebensskript geworden sind, wie sie die Transaktionsanalyse beschreibt. Diese psychologische Schule meint, daß viele einfach nur ihr Lebensskript leben. Eine junge Frau erkannte in der Therapie als ihr Lebenskript: ‚Alle Männer sind Mörder.' Man kann sich vorstellen, daß sich mit einem solchen Skript nicht gut leben läßt. Ein anderes typisches Skript lautet: ‚Ich bin ein Versager, ein Verlierer, bei mir geht alles schief, ich werde es nie auf einen grünen Zweig bringen.'

Solche Sätze kann man nicht mehr analysieren. Das Befragen solcher Gedanken kann uns zwar das Entstehen erklären, etwa, daß wir von den Eltern ständig solche Botschaften bekommen haben. Aber das Wissen um ihr Entstehen löst die Gedanken noch nicht auf. Da ist es hilfreich, mit Evagrius Sätze in der Schrift zu suchen, die solche negativen Lebensskripte entmachten und vertreiben.

C.G. Jung meint, daß wir immer beide Pole in uns haben: Angst und Vertrauen, Liebe und Aggression, Traurigkeit und Freude, Kraft und Schwäche. Oft aber sind wir auf einen Pol fixiert, z. B. auf die Angst. Die Angst äußert sich dann ständig in Gedanken wie: ‚Ich kann das nicht. Ich habe Angst. Was denken die andern von mir! Da blamiere ich mich.'

Ich kann diese Angst befragen, was sie mir sagen möchte. Ich kann aber auch in diese Angst hinein Psalm 118 sprechen: „Der Herr ist mit mir, ich fürchte mich nicht. Was können Menschen mir antun?" Der Psalmvers wird die Angst nicht einfach vertreiben. Aber er kann mich in Berührung bringen mit dem Vertrauen, das auch in mir verborgen liegt. In mir ist ja nicht nur Angst, sondern immer auch Vertrauen. Das Schriftwort bringt mich also in Berührung mit dem, was schon in mir ist. Und dadurch kann das Vertrauen, das in mir ist, bewußt werden und wachsen. Das relativiert meine Angst. Die antirrhetische Methode bringt mich also ins Gleichgewicht. Sie steuert dem entgegen, daß sich in mir die negativen Gedanken festsetzen und mich bestimmen.

Eine andere Methode, mit meinen Gedanken umzugehen, ist die, sie mit einem andern zu besprechen. Heute sind die Sprechzimmer der Psychologen überfüllt, weil wir es nicht wagen, vor unseren Freunden offen über uns zu sprechen, vor allem über unsere negativen Gefühle, über unsere Leidenschaften, über unsere Schwächen und über unsere Schuld. So bleiben viele allein mit ihren Gedanken. Sie unterdrücken sie. Aber unterdrückt fangen die Gedanken an zu kochen, bis irgendwann einmal der Deckel hochgeht. Das Aussprechen der Gedanken nimmt ihnen – so sagen die Mönche – das Gefährliche und Zerstörende. Ein Altvater rät: „Wenn du von unreinen Gedanken bedrängt wirst, verbirg sie nicht, sondern offenbare sie sofort deinem geistlichen Vater und vernichte sie. Denn in dem Maß, in dem man seine Gedanken verbirgt, vermehren sie sich und werden stärker. Ähnlich wie eine Schlange, die aus ihrem Versteck entweicht und sogleich davonläuft, so verschwindet der Gedanke sofort, wenn er offenbart ist. Und wie ein Wurm das Holz, so zerstört der schlechte Gedanke das Herz. Wer seine Gedanken offenbart, wird sogleich geheilt, aber wer sie verbirgt, wird krank vor Stolz" (Einreden 61, 23). Hier wird der schlechte Gedanke mit einem Wurm verglichen, der das Herz zernagt. Locken wir im Gespräch den Wurm hervor, bleibt das Holz gesund, kann das Herz wieder aufatmen.

8 Spirituelle Gestaltung des Lebens

Den Mönchen ist es wichtig, wie sie konkret ihren Tag strukturieren und welche Übungen sie praktizieren. Das scheint auf den ersten Blick äußerlich. In Wirklichkeit entscheidet sich darin, ob das Leben gelingt oder nicht. Eine gesunde Spiritualität braucht auch einen gesunden Lebensstil.

„Abbas Poimen sprach: Drei körperliche Übungen fanden wir am Altvater Pambo: tägliches Fasten bis zum Abend, Schweigen und viel Handarbeit" (Apo 724). Mit diesen Übungen kam Pambo zu seiner geistlichen Reife. Das konsequente Durchhalten dieser drei Dinge verwandelte ihn. Ähnlich erfährt *Antonius* von einem Engel, wie sein Leben gelingen kann. Als er in verdrießlicher Stimmung den Engel fragt, was er tun soll, sieht er einen, der ihm gleicht: „Er saß da und arbeitete, stand dann von der Arbeit auf und betete, setzte sich wieder und flocht an einem Seil, erhob sich dann abermals zum Beten. Und siehe, es war ein Engel des Herrn, der gesandt war, Antonios Belehrung und Sicherheit zu geben. Und er hörte den Engel sprechen: ,Mach es so und du wirst das Heil erlangen.' Als er das hörte, wurde er von großer Freude und mit Mut erfüllt, und durch solches Tun fand er Rettung" (Apo 1). Die klare Tagesordnung, das gesunde Miteinander von Gebet und Arbeit, von Sitzen und Stehen, von Seile Flechten und Beten, ist der Weg zur inneren Ruhe. Sie klärt die negativen Gefühle und bringt den Menschen innerlich in Ordnung.

Vom Altvater *Johannes* wird eine andere Übung berichtet: „Man erzählte vom Altvater Johannes, daß er, wenn er von der Erntearbeit oder von einem Zusammensein mit Greisen heimkam, sich zuerst für Gebet, Betrachtung und Psalmengesang Zeit nahm, bis sein Denken wieder in die frühere Ordnung zurückgebracht war" (Apo 350). Johannes läßt den Emotionen, die im Gespräch mit den Mitbrüdern aufgerührt worden sind, nicht einfach freien Lauf. Er nimmt sich erst Zeit für das Gebet, damit sich die Emotionen klären können. Wenn wir unaufgearbeitete Emotionen mit nach Hause nehmen und sie mit viel Aktivität – welcher Art auch immer – zustopfen, dann werden sie sich im Unbewußten festsetzen und von dort aus eine diffuse Unzufriedenheit in uns schaffen. So wie das äußere Leben in Ordnung kommen soll, so auch unser Denken. Ungeordnetes Denken – so sagen die Mönchsväter – bringt den Mönch durcheinander und liefert ihn seinen Leidenschaften aus. Wer seinen Gedanken und Gefühlen freien Lauf läßt, ohne sich mit ihnen auseinanderzusetzen, wird innerlich von ihnen infiziert. Ohne es zu merken, wird er dann von unbewußten Impulsen gesteuert und verliert seine Freiheit.

Von Johannes wird noch etwas Ähnliches erzählt: „Als er sich einmal in der Sketis zur Kirche begab und dort hörte, wie einige Brüder sich stritten, kehrte er in sein Kellion zurück. Dreimal ging er um es herum, dann erst trat er ein. Einige Brüder, die das beobachtet hatten, aber sich nicht denken konnten, warum er das tat, kamen zu ihm und fragten. Er aber antwortete: Meine Ohren waren von den Streitereien voll, ich ging deshalb herum, um sie zu reinigen, damit ich in Ruhe in mein Kellion eintreten konnte" (Apo 340). Hier nimmt Johannes die Gedanken gar nicht erst mit nach Hause, um sie dort zu klären. Er befreit sich vielmehr von ihnen, noch bevor er nach Hause kommt. Das Gehen ist für ihn der Weg, sich von den negativen Emotionen, denen er bei den streitenden Brüdern begegnet ist, freizuwandern.

Jeden Abend gibt es zahlreiche Dramen, wenn die Männer von der Arbeit nach Hause kommen und das ganze Chaos von negativen Gefühlen aus der Firma mit bringen. Die Frauen freuen sich auf ihre heimkehrenden Männer. Die aber sind voll von den Gedanken der Arbeit. Und so kommt keine Begegnung zustande, man redet aneinander vorbei, lädt Probleme ab, die man von anderswo mitgeschleppt hat. Da wäre es eine gute Übung, den Nachhauseweg sorgfältiger zu gehen, sich Zeit zu lassen, um sich bewußt von den Emotionen aus der Arbeitswelt zu befreien. Dann kann man daheim der Familie, die einen erwartet, offen begegnen, dann ist man gegenwärtig und wach für das, was die Menschen daheim bewegt.

Von Abba *Antonios* stammt das Wort: „Wenn möglich soll der Mönch den Altvätern mit Vertrauen sagen, wieviel Schritte er tut, oder wieviel Wasser er in seinem Kellion trinkt, um sicher zu sein, ob er damit nicht sündigt" (Miller 40). Die äußere Gestaltung des Lebens ist für die Mönche ganz wichtig. Daran erkennen sie, ob einer gesund ist oder nicht, ob einer wirklich Gott sucht oder nur sich selbst. Die äußere Ordnung bringt den Mönch innerlich in Ordnung. Sie reinigt sein Denken, seine Gefühle und schafft Raum, auch innerlich klar und durchsichtig zu werden.

Die Spiritualität der frühen Mönche hat die Kraft, das Leben zu durchformen. Heute sind wir in Gefahr, nur *über* Spiritualität zu schreiben. Aber sie zeigt sich nicht im konkreten Leben, sie hat keine Kraft, das Leben zu prägen. Als ich einmal an einem Abend in einem Pfarrhaus weilte, wußte der Pfarrer beim Essen nichts anderes, als den Fernseher anzuschalten. Ich dachte mir, der kann morgen predigen, was er will. Wenn das Leben nicht stimmt, dann stimmt auch die Predigt nicht, dann ist seine Spiritualität wertlos.

Die Spiritualität der Mönche hat eine Kultur des Lebens geschaffen. Sie fordert uns auf, auch heute unser Leben spirituell zu durchdringen, eine spirituelle Lebenskultur zu entwickeln, die auch nach außen sichtbar wird.

Der Weg zu einer spirituellen Lebenskultur war für die Mönche immer die konkrete Übung. Meistens waren es drei Ratschläge, die ein Altvater einem jungen Mönch gab, der ihn nach dem Weg zum wahren Mönchtum fragte.

„Ein Bruder, der mit anderen Brüdern zusammenlebte, fragte den Altvater Besarion: ‚Was soll ich tun?' Der Greis antwortete ihm: ‚Schweige und miß dich nicht mit anderen'" (Apo 165). Das Schweigen und der Verzicht, sich mit andern zu vergleichen, soll für den Mönch die Übung sein, die genügt. Wenn er sie konsequent durchhält, dann läutert sich sein Denken und Fühlen, dann wird er auf diesem Weg offen für Gott.

Eine andere Übung zeigt uns *Antonios*: „Der Altvater Pambo fragte den Altvater Antonios: ‚Was soll ich tun?' Der Alte entgegnete: ‚Baue nicht auf deine eigene Gerechtigkeit und laß dich nicht ein Ding gereuen, das vorbei ist, und übe Enthaltsamkeit von der Zunge und vom Bauch'" (Apo 6). Wieder sind es ganz konkrete Übungen, die Antonios dem Pambo aufgibt. Es verkündet kein kompliziertes spirituelles Gedankengebäude, sondern schickt ihn in praktische Lebensaufgaben, die ihm zur Übung werden, ihn einführen in das Geheimnis Gottes und das Geheimnis des Menschen.

Hier ist es neben der Enthaltsamkeit von der Zunge und vom Bauch, neben dem Schweigen und dem Fasten, die Demut, die auch in vielen anderen Vätersprüchen als der königliche Weg zu Gott beschrieben wird. Die Demut gilt für die Mönche als „die größte Tugend, denn sie läßt den Menschen von den Abgründen selbst emporsteigen, selbst wenn der Sünder wie ein Dämon ist" (N 558).

Die dritte Übung besteht in dem interessanten Rat, sich ein Ding nicht gereuen zu lassen, das vorbei ist. In meinem Beichtunterricht wurde ich immer darauf hingewiesen, wie wichtig die Reue über meine Sünden sei. Nur wer bereut, kann Vergebung erlangen. Das ist sicher richtig. Aber manchmal meinen wir, wir würden Gott einen Gefallen erweisen, wenn wir möglichst zerknirscht sind, uns in der Reue selber schlechtmachen und beschuldigen. Hier gibt Antonios einen anderen Rat: Was vorbei ist, ist vorbei. Das gilt für vergangene Ereignisse; wir sollen nicht ständig über unsere Vergangenheit nachdenken. Das gilt aber auch für unsere Fehler, für unsere Sünden. Auch ihnen sollen wir nicht nachtrauern. Sie sind vorbei. Wir sollen weniger auf uns und unser Versagen schauen, sondern auf Gott: „Gott ist größer als unser Herz. Und er weiß alles" (Joh 3, 20). Gott weiß um unser Versagen. Wir werden auch wieder sündigen. Wir können für uns nicht garantieren. Aber wir sollen der Sünde keine Macht über uns geben. Ein Weg, der Sünde die Macht über uns zu nehmen, besteht darin, sie vergangen sein zu lassen, nicht mehr darüber nachzudenken. Wir halten sie Gott hin und übergeben sie ihm. Aber dann ist es auch vorbei. Dann sollen wir uns nicht mehr darum bekümmern.

Aus diesem Rat des Antonios spricht ein großes Vertrauen in Gottes Gnade, in die Barmherzigkeit Gottes, der unser Herz kennt und es versteht.

Abbas *Paul von Galata* sagt von sich und seiner täglichen Übung: „Ich habe immer diese drei Dinge im Geist: das Schweigen, die Demut des Geistes, und zu mir sagen: Ich habe keine Sorge" (Eth Coll 13, 66). Hier finden wir wieder das Schweigen, das uns die Mönche raten, und die Demut als Grundhaltung des religiösen Menschen. Ein Mönchsvater kann sogar sagen: „Wo die Demut nicht ist, ist auch Gott nicht" (Arm II 279 A). Demut ist die Voraussetzung, Gott zu erfahren. Ohne Demut sind wir in Gefahr, Gott zu vereinnahmen, ihn unserem Denken und Wollen zu unterwerfen.

Die dritte Übung besteht hier in der Sorglosigkeit. Der Mönchsvater übt sie, indem er sich immer wieder vorsagt: „Ich habe keine Sorge." Er muß sich dieses Wort offensichtlich immer einsagen, da in seinem Herzen Gedanken der Sorge auftauchen. Kein Mensch ist wohl ohne Sorge. Ja, Martin Heidegger meinte, die Sorge sei das Grundexistential des Menschen. Der Mensch sei wesentlich einer, der sich sorgt. Doch indem ich mir in diese Sorge das Wort hineinhalte „Ich habe keine Sorge", kann sich das Gefühl wandeln und in mir das Vertrauen auf Gottes Nähe wachsen. Hier wird also ein Weg angegeben, sich in das Vertrauen Gottes einzuüben. Ich rede mir nicht künstlich etwas ein, ich manipuliere mein Denken nicht. Ich rechne vielmehr damit, daß ich Sorgen habe. Aber ich versuche, die biblische Botschaft vom Vertrauen auf den Gott, der für uns sorgt, konkret einzuüben, indem ich es mir immer wieder sage: „Ich habe keine Sorge."

Was heute viele Psychologen beschreiben, daß man sich positive Worte, daß man sich Vertrauenssätze zuspricht (etwa im Autogenen Training), das haben die Mönche schon immer geübt.

Geistliches Leben bedeutete für die frühen Mönche auch die Kunst des gesunden Lebens. Nicht umsonst sind die Mönche sehr alt geworden. Ihre Askese war nicht lebensverneinend, sondern lebensfördernd. Die Diaitetik, die Kunst des gesunden Lebens, die für die antike Medizin die wichtigste Aufgabe war, haben die Mönche auch für ihr geistliches Leben übernommen. Sie haben den spirituellen Weg als Kunst des gesunden Lebens verstanden. Es gibt kein gesundes Leben ohne gesunden Lebensstil. Daher haben die Mönche ihr Leben so klar geordnet und einen gesunden Wechsel zwischen Gebet und Arbeit, zwischen Wachen und Schlafen, zwischen Essen und Fasten, zwischen Einsamkeit und Miteinander als Richtschnur für ein gesundes Leben empfohlen. Durch die äußere Ordnung kommt der Mensch innerlich in Ordnung. Natürlich geht es nicht um eine zwanghafte Ordnung, der man sich unterwirft, sondern um einen gesunden Lebensstil, der Leib und Seele gesund hält. Dieser Lebensstil der Mönche betrifft die Zeiteinteilung, die Ernährung, die Arbeit, das Wohnen und die klare Beziehung zu einem Altvater.

Wir können heute sicher nicht den Lebensstil der Altväter nachahmen. Aber den Grundsatz, daß die äußere Ordnung uns innerlich in Ordnung bringt, daß ein gesunder Lebensstil auch die Seele gesundmacht, können wir auch heute leben.

In der Geschichte des Mönchtums wurde der gesunde Lebensstil vor allem von *Benedikt* beschrieben. Für ihn war die klare Strukturierung des Lebens, der Arbeit, der Gemeinschaft, der Macht entscheidend für die Gesundung des Menschen. Und obwohl Benedikt seine Ordnung nur für eine kleine Gemeinschaft vorgesehen hat, wurde daraus ein Ordnungsfaktor für ganz Europa. Und aus kleinen Gemeinschaften, die nach dieser Ordnung lebten, wurde eine Quelle der Kultur für das ganze Abendland. Kultur ist geformtes Leben. Wenn ich mein Leben selber forme, wenn ich ihm eine Gestalt gebe, die mir entspricht und die mir guttut, dann habe ich zugleich Lust am Leben. Ich habe das Gefühl, daß ich selber lebe, anstatt gelebt zu werden. Es ist mein Stil, wie ich aufstehe, wie ich den Tag beginne, wie ich an die Arbeit gehe, wie ich die Mahlzeit gestalte, wie ich den Tag abschließe. Ein gesunder Lebensstil braucht gesunde Rituale. Wenn wir auf unsere Rituale nicht achten, schleichen sich unwillkürlich ungesunde und krankmachende Rituale ein, z. B. daß wir in den Tag hineinhetzen, das Frühstück herunterschlingen, immer zu spät kommen usw. Gesunde Rituale bringen mich in Ordnung, und sie schenken mir die Freude daran, mein Leben selbst zu gestalten.

Erhart Kästner schreibt über die Riten, die er auf dem Berg Athos beobachtet: „Neben dem Drang, die Welt zu gewinnen, liegt ein eingeborener Drang, immer Selbes aus uralten Formen zu prägen. In Riten fühlt die Seele sich wohl. Das sind ihre festen Gehäuse. Hier läßt es sich wohnen. ... hier stehn die gefüllten Näpfe bereit, die Opferschalen der Seele. Hier fährt sie aus, fährt sie ein; gewohnte Gaben, gewohntes Mahl. Der Kopf will das Neue, das Herz will immer dasselbe" (Stundentrommel 65).

Gesunde Rituale geben dem Leben Vertrautheit, Geborgenheit, Klarheit. Da läßt es sich wohnen, daheim sein.

9 Sich den Tod täglich vor Augen halten

Der hl. *Benedikt* rät in seiner Regel den Mönchen, daß sie sich täglich den Tod vor Augen halten sollen. Damit faßt er zusammen, was in zahlreichen Mönchsgeschichten erzählt wird. Die Mönche leben im Bewußtsein ihres Todes. Das macht sie innerlich lebendiger und präsenter. Das Denken an den Tod befreit sie von jeder Angst. So fragte ein junger Mönch einen Altvater: „‚Warum packt mich die Furcht, wenn ich nachts allein ausgehe?‘ Der Alte sagte: ‚Weil das Leben dieser Welt für dich noch von Wert ist‘“ (Bu II 190). Das Denken an den Tod nimmt uns die Angst, weil wir aufhören, an der Welt, an unserer Gesundheit, an unserem Leben zu hängen. Und das Denken an den Tod ermöglicht es uns, bewußt jeden Augenblick zu leben, zu spüren, was das Geschenk des Lebens ist, und es täglich zu genießen.

In manchen Worten spüren wir eine tiefe Todessehnsucht der Mönche. Aber diese Sehnsucht zu sterben, um beim Herrn zu sein, verlieh den Mönchen „eine auffallende Heiterkeit, so daß einer von ihnen gefragt wurde: ‚Wie kommt es, daß du nie niedergeschlagen bist?‘, und er antwortete: ‚Weil ich jeden Tag zu sterben hoffe.‘ Ein anderer sagte: ‚Der Mensch, der sich den Tod alle Zeit vor Augen hält, überwindet leicht Niedergeschlagenheit und Engheit der Seele‘“ (Ranke-Heinemann 30). So ist die Übung, sich täglich den Tod vor Augen zu halten, Ausdruck der Sehnsucht, „mit unserem Herrn im Paradies zu sein“ (Ranke-Heinemann 41).

Mit der Sehnsucht nach dem Tod verbindet sich bei den Mönchen auch eine starke Parusieerwartung. Die urchristliche Naherwartung flammt bei den Mönchen wieder auf. Rufinus schreibt, „daß die Mönche die Ankunft Christi erwarteten wie die Kinder ihren Vater oder ein Heer seinen König oder ein treuer Diener seinen Herrn und Befreier. Und an einer anderen Stelle: ,Sie wollten sich nicht mehr sorgen um Kleidung und Speise, sondern nur mit Hymnen Christi Parusie entgegenhoffen'" (Ebd 32). Die Leichtigkeit, die wir bei vielen Mönchsvätern wahrnehmen, hängt sicher mit dieser Parusieerwartung zusammen. *Evagrius* nennt daher den Mönch einen „hochfliegenden Adler" (Gedanken 51). Weil der Mönch den Herrn erwartet, wird er frei von irdischen Sorgen und frei vom Urteil und von den Erwartungen der Menschen. Heitere Gelassenheit, Freiheit, Vertrauen und Offenheit für den jeweiligen Augenblick prägen einen Mönch, der sich nach dem Herrn sehnt.

Viele Vätersprüche gehen davon aus, daß wir der Welt erst sterben müssen, um den Aufgaben gewachsen zu sein, die uns die Welt stellt: „Ein Bruder fragte den Altvater Moses: ,Ich sehe eine Aufgabe vor mir und kann sie nicht erfüllen.' Da sagte ihm der Alte: ,Wenn du nicht ein Leichnam wirst wie die Begrabenen, kannst du sie nicht bewältigen'" (Apo 505).

Wenn ich mich völlig mit einer Aufgabe identifiziere, wenn ich mein Selbstwertgefühl davon abhängig mache, ob ich sie erfüllen kann oder nicht, dann werde ich letztlich unfähig, sie wirklich zu bewältigen. Die Fixierung auf meine Aufgabe blockiert mich. Ich bin nicht frei, sie in Angriff zu nehmen, weil ich sie unbedingt richtig machen muß. Die Angst, ich könnte versagen, hindert mich, die Aufgabe gut zu erfüllen. Sterben meint, die Identifizierung mit der Aufgabe aufzugeben. Dann bin ich frei, sie gut zu machen. Denn es hängt nicht alles davon ab, wie ich sie erledige. Der Welt sterben, bzw. sich vorzustellen, daß ich im Grab liege, drückt aus, was die transpersonale Psychologie heute Dis-Identifikation nennt: Ich schaue meine Gedanken und Gefühle an, aber ich identifiziere mich nicht damit. Ich sehe mir meine Aufgaben an, die ich zu erfüllen habe, aber ich identifiziere mich nicht damit. Ich habe die Aufgabe, aber ich bin nicht diese Aufgabe. Ich habe Ärger, aber ich bin nicht mein Ärger.

Die Psychosynthese, von Roberto Assagioli entwickelt, hat die Methode der Dis-Identifikation entfaltet. Ich schaue meine Gedanken und Gefühle an, z. B. meine Angst. Ich spüre die Angst, aber dann gehe ich hinter die Angst zurück zum unbewegten Zeugen, zum unberührten Selbst. Dieser innere Kern, das spirituelle Selbst, wie Assagioli es nennt, ist unberührt von der Angst und von den Gefühlen, die mich in meinem emotionalen Bereich prägen. Die Dis-Identifikation befreit mich von dem Zwang, die Aufgabe perfekt erfüllen zu müssen. Für die transpersonale Psychologie ist die Dis-Identifikation die wahre Therapie. Solange wir uns mit einem Problem identifizieren, wird es unser Dauerproblem. Wirklich frei werden wir von dem Problem erst, wenn wir aufhören, uns damit zu identifizieren. „Die Disidentifikation vom Ego, in der ein Mensch sein Wahres Wesen erkennt, ist in der transpersonalen Psychotherapie die wichtigste Voraussetzung für seine Befreiung" (Walsh 187).

Die Methode der Dis-Identifikation wird noch in einem andern Väterspruch deutlich: „Ein Bruder kam zum Altvater Makarios, dem Ägypter, und sagte zu ihm: ‚Vater, sage mir ein Wort! Wie kann ich das Heil erlangen?' Der Greis belehrte ihn: ‚Sieh hin zum Grabmal, und höhne die Toten.' Der Bruder ging also hin, verhöhnte und warf mit Steinen. Dann kam er zurück und berichtete dem Greis. Der

fragte: ‚Haben sie dir nichts gesagt?' Er antwortete: ‚Nein.'
Da sprach der Greis zu ihm: ‚Gehe morgen wieder hin und
lobe sie!' Der Bruder ging hin und lobte sie und sprach:
‚Apostel, Heilige, Gerechte!' Und er kam zum Greis und berichtete: ‚Ich habe sie gelobt!' Und er fragte ihn: ‚Haben sie
nichts geantwortet?' Der Bruder antwortete: ‚Nein!' Da belehrte ihn der Greis: ‚Du weißt, wie sehr du sie geschmäht
hast, und sie antworteten dir nicht – und wieviel du sie gelobt hast, und sie haben nichts zu dir gesagt. So mußt auch
du sein, wenn du das Heil erlangen willst. Werde ein Leichnam, beachte weder das Unrecht der Menschen noch ihr
Lob – wie die Toten, und du wirst gerettet werden!'" (Apo
476).

Auf den ersten Blick erscheint diese Methode etwas ma-
kaber zu sein, als ob wir unempfindlich werden sollten wie
die Toten. Doch in Wirklichkeit geht es darum, daß wir die
Ebene der Identifizierung mit Lob und Tadel überschreiten,
daß wir die Dis-Identifikation einüben. Unser Leben gelingt
nur, so sagt uns dieser Väterspruch, wenn wir damit aufhören, uns von Lob und Tadel völlig abhängig zu machen.
Denn dann sind wir nie bei uns selbst. Interessant ist hier
auch, daß die Gefühle von Lob und Tadel erst exzessiv aus-
agiert werden, bevor die Ebene der Gefühle überschritten
wird, bevor der junge Bruder einsieht, daß er auf der Ebene
seiner Gefühle den Weg zum Gelingen seines Lebens nicht
findet.

Wie die Toten werden heißt: nicht gefühllos werden,
sondern was in der Taufe geschieht: daß wir der Welt ge-
storben sind. Die Welt, d. h. die Menschen mit ihren Erwartungen und Ansprüchen, mit ihren Maßstäben und
Urteilen, haben keine Macht über uns. Wir identifizieren
uns nicht mehr mit der Welt. Wir leben jenseits der
Schwelle. Wir leben in einer geistlichen Wirklichkeit, über
die die Welt keine Macht hat. Das macht uns frei. Wenn

wir ständig darauf aus sind, gelobt zu werden, werden wir immer unzufrieden bleiben. Denn wir sind dann unersättlich in unserer Sehnsucht nach Lob.

Makarios rät uns nun nicht, daß wir unser Bedürfnis nach Lob völlig aufgeben. Das können wir nicht. Aber wir sollen uns mit dem Lob oder dem Tadel der andern nicht identifizieren. Wir sollen spüren, daß in uns eine andere Wirklichkeit ist, daß wir eine göttliche Würde haben, die da ist, ob uns nun die Menschen loben oder tadeln. Erst die Erfahrung dieser göttlichen Würde in uns macht uns frei gegenüber Lob und Tadel. Es ist dann kein Verzicht, den wir uns mühsam abringen, sondern Ausdruck unserer inneren Erfahrung.

Tot sein sollen wir vor allem unserem Nächsten gegenüber. „Der Altvater Poimen erzählte: Ein Bruder fragte den Altvater Moses, auf welche Weise sich ein Mensch zum Toten gegenüber dem Nächsten machen könne. Der Greis antwortete: ‚Wenn sich der Mensch in seinem Herzen nicht zu einem macht, der schon drei Tage im Grabe liegt, dann wird er nicht zu jener geistlichen Einstellung kommen‘" (Apo 506).

Und von Abbas Moses stammt das Wort: „Der Mensch muß tot sein für seinen Genossen, damit er ihn nicht in irgendeiner Sache richte" (Apo 508). Dem Nächsten gegenüber tot sein heißt also vor allem, darauf zu verzichten, über ihn zu richten. Ich habe kein Recht, über den andern zu urteilen. Totsein dem Nächsten gegenüber kann aber auch bedeuten, daß ich unabhängig werde von den Problemen des andern, daß ich mich nicht mit seinen Schwierigkeiten identifiziere. Dies darf natürlich nicht unmenschlich werden, als ob wir kein Interesse hätten am andern. Viele Vätersprüche, in denen ein Altvater sich mit seinem ganzen Herzen auf den Fragesteller einläßt und ihn tröstet und aufrichtet, zeigen, daß es den Mönchen nicht um Härte und Gefühllosigkeit geht, sondern um innere Distanz. So heißt es in einem Väterspruch: „Paesios, der Bruder des Altvaters Poimen, hatte einmal eine Unstimmigkeit mit einem außerhalb seines Kellions. Dem Abbas Poimen war das nicht recht, so erhob er sich und floh zum Altvater Ammonas. Er sagte ihm: ‚Paesios, mein Bruder, hat eine Feindseligkeit mit einem, und das läßt mich nicht zu Ruhe kommen.' Abbas Ammonas antwortete ihm: ‚Poimen, du lebst doch noch? Auf, setze dich in dein Kellion und sage zu deinem Herzen: Du bist schon ein Jahr im Grab'" (Apo 576).

Poimen identifiziert sich so sehr mit seinem Bruder, daß dessen Feindschaft mit einem andern ihm seinen Frieden raubt. Es gibt genügend Vätersprüche, in denen ein Altvater Streit schlichtet. Aber hier ist es der eigene Bruder. Und da kann Poimen gar nicht unparteiisch sein. Daher rät Abbas *Ammonas*, sich vorzustellen, daß er schon ein Jahr im Grabe liegt. Diese Vorstellung schafft ihm Distanz zu seinem Bruder. Sein Bruder ist für sich selbst verantwortlich. Poimen soll dessen Probleme nicht zu den eigenen machen.

Die Distanz zu den Problemen des andern ist für jeden Therapeuten die Voraussetzung, dem andern wirklich helfen zu können. So braucht Poimen erst die innere Distanz zu seinem Bruder. Dann kann er frei entscheiden, ob er ihm helfen und den Streit schlichten will, oder aber ob er ihn freigibt und ihm zutraut, daß er selbst seinen Konflikt löst und für sich verantwortlich handelt.

Das Totsein dem andern gegenüber wird von Poimen sogar als Voraussetzung dafür gesehen, gut mit andern Brüder zusammen zu leben. In einem Väterspruch wird berichtet, daß Poimen zusammen mit sechs leiblichen Brüdern Mönch geworden ist. Nachdem die sieben Brüder vor den Maziken, die viele Mönche umbrachten, fliehen mußten, lassen sie sich in Tenenutis nieder. Anub, einer der Brüder, bewirft jeden Morgen ein steinernes Götzenbild im heidnischen Tempel mit Steinen. Am Abend bittet er dann das Götzenbild um Verzeihung. Als Poimen ihn deshalb zur Rede stellt, antwortet ihm Anub: „Das habe ich euretwegen getan. Ihr saht, daß ich das Angesicht des Bildes mit Steinen bewarf – hat es da gesprochen oder sich erzürnt?" Als Poimen antwortet, daß es natürlich nicht geantwortet hat, erklärt ihm Anub sein Verhalten: „Wir sind sieben Brüder. Wenn ihr wollt, daß wir beieinander bleiben, dann laßt uns werden wie dieses Bild da! Ob es verhöhnt wird oder ob es verehrt wird, es gerät nicht in Bewegung. Wenn ihr aber nicht so werden sollt, siehe, es sind vier Tore im Tempel, jeder kann hinausgehen, wo er will" (Apo 138).

Alle sieben Brüder bleiben zusammen und halten sich an den Rat des Anub. So leben sie die ganze Zeit miteinander in Ruhe und Frieden. Die Distanz zu den eigenen Bedürfnissen und Emotionen schafft eine Atmosphäre, in der die Brüder miteinander leben können. Es ist keine gefühllose Atmosphäre, sondern es entsteht durch diese Haltung ein Raum der Liebe und Geborgenheit, des Verständnisses füreinander und der Freiheit, in der jeder seinen Weg gehen kann, ohne daß die andern ihn ständig belehren wollen.

Für uns sind diese Ratschläge zunächst fremd. Aber es ist letztlich die Erfüllung von Jesu Worten: „Wenn das Weizenkorn nicht in die Erde fällt und stirbt, bleibt es allein; wenn es aber stirbt, bringt es reiche Frucht. Wer an seinem Leben hängt, verliert es; wer aber sein Leben in dieser Welt geringachtet, wird es bewahren bis ins ewige Leben" (Joh 12, 24 f). Wir müssen uns und unsere Vorstellungen vom Leben loslassen, dann wird sich uns ein Raum von neuen Möglichkeiten auftun. Wir müssen den Nächsten loslassen, dann wird wirkliche Beziehung möglich. Wenn sich in einer Partnerschaft einer am andern festklammert, wird die Beziehung auf die Dauer unmöglich. Eine Partnerschaft kann nur bestehen, wenn einer den andern auch losläßt und freiläßt. Loslassen, so sagt uns auch die Psychologie, ist die Voraussetzung für ein erfülltes Leben.

10 Kontemplation als Weg der Heilung

Der Mensch kann in seinem Innern nicht durch bloße Disziplin geheilt werden. Der Umgang mit den Gedanken und die konkreten Übungen sind eine gute Hilfe, damit die Leidenschaften sich beruhigen und die Seele gesund wird. Aber die eigentliche Gesundheit bewirkt erst die Kontemplation. So haben es die Mönche erfahren, so hat es *Evagrius Ponticus* beschrieben.

Kontemplation ist das reine Gebet, das Beten ohne Unterlaß und das Beten jenseits der Gedanken und Gefühle, das Beten als Einswerden mit Gott. Evagrius wird nicht müde, das Gebet als das schönste Geschenk zu beschreiben, das Gott uns Menschen gemacht hat. Die Würde des Menschen besteht darin, daß er im Gebet mit Gott eins werden kann.

„Gibt es denn etwas, das besser ist, als ein inniger Umgang mit Gott und höher, als ganz in seiner Gegenwart zu leben? Ein Gebet, das durch nichts mehr abgelenkt wird, ist das Höchste, das der Mensch zu Wege bringt" (Gebet 34). „Das Gebet ist der Aufstieg des Geistes zu Gott" (Gebet 35).

Im Gebet soll der Mensch zuerst frei werden von seinen Leidenschaften, vor allem vom Ärger und von der Sorge. Dann aber soll er auch die frommen Gedanken hinter sich lassen. Er soll nicht über Gott nachdenken, sondern mit ihm eins werden. Darüber zu schreiben wird Evagrius nicht müde: „Wenn jemand frei geworden ist von den störenden Leidenschaften, dann heißt das noch nicht, daß er auch wirklich beten kann. Vielleicht kennt er nur noch die reinsten Gedanken, läßt sich aber dazu verleiten, über sie nachzudenken, und ist daher weit von Gott entfernt" (Gebet 55).

„Der Hl. Geist erbarmt sich unserer Schwäche und kommt oft zu uns, obwohl wir seiner nicht würdig sind. Besucht er uns, während wir aus Liebe zur Wahrheit zu ihm beten, erfüllt er uns und hilft uns, all die Überlegungen und Gedanken loszuwerden, die uns gefangenhalten, und führt uns so zum geistlichen Gebet" (Gebet 62).

„Wache darüber, daß du dich während deines Gebetes an keine Vorstellungen hängst, sondern in tiefer Stille verharrst. So nur wird er, der sich der Unwissenden erbarmt, einen so unbedeutenden Menschen wie dich besuchen und dich mit der größten aller Gaben beschenken, dem Gebet" (Gebet 69).

„Wenn du wirklich betest, entsteht in dir ein tiefes Gefühl des Vertrauens. Engel werden dich begleiten und dir den Sinn der ganzen Schöpfung erschließen" (Gebet 80).

„Das Gebet ist das Tun, das der Würde des Geistes entspricht; oder besser noch, es ist seinem edleren und eigentlichen Wirken entsprechend" (Gebet 84).

In der Kontemplation gelangen wir nach Evagrius in einen Zustand tiefster Stille. Wir entdecken in uns einen Raum des reinen Schweigens. Dort wohnt Gott selbst in uns. Evagrius nennt diesen Raum der Stille in uns „Ort Gottes" oder „Schau des Friedens". In einem Brief an einen Freund schreibt er: „Wenn nun der Intellekt durch die Gnade Gottes diesen Dingen (Leidenschaften) entflieht und seinen alten Menschen abstreift, dann erscheint ihm sein eigener Zustand zur Zeit des Gebetes wie ein Saphir oder nach Art der Farbe des Himmels, was die Schrift Ort Gottes nennt, den die Ältesten auf dem Berg Sinai sahen. Diesen Ort nennt sie auch Schau des Friedens, an dem einer in sich jenen Frieden schaut, der erhabener ist als jedes Verstehen und der unsere Herzen behütet. In einem reinen Herzen nämlich wird ein anderer Himmel eingeprägt, dessen Schau Licht und dessen Ort geisthaft ist, an welchem, wie wunderbar, die Einsichten der Seienden (Dinge) geschaut werden. Und auch die heiligen Engel versammeln sich bei denen, die würdig sind" (Brief 39).

Im Gebet schaut der Mensch sein eigenes Licht, ja, er wird seiner eigenen Natur gewahr, die ganz Licht ist, die teilhat am Lichte Gottes. In diesem Ort Gottes, am Ort des Friedens im Innern der Seele, ist es ganz still, da wohnt Gott allein. Und dort ist alles heil. Dort schließen sich in der Liebe Gottes alle Wunden, die uns das Leben geschlagen hat. Dort weichen alle Gedanken an die Menschen, die uns verletzt haben. Dort haben unsere Leidenschaften keinen Zutritt, dort können uns auch die Menschen mit ihren Erwartungen, mit ihren Meinungen, mit ihren Urteilen nicht erreichen. Dort werden wir eins mit Gott. Dort tauchen wir ein in sein Licht, in seinen Frieden, in seine Liebe. Das ist das Ziel des geistlichen Weges.

Der spirituelle Weg der frühen Mönche ist also kein moralischer Weg, sondern ein mystischer, ein mystagogischer, ein Weg, der uns in Gott hineinführt. Daher atmen die Schriften des Evagrius keine herbe Strenge, sondern Liebe, Achtsamkeit und Freude über unsere Berufung, im Gebet mit Gott eins werden zu dürfen. Man spürt seinen Worten die Sehnsucht nach Gott an. Ungestört, ohne Zerstreuung beten zu können, das ist das Höchste, was ein Mensch zustande bringen kann; danach sehnen sich die Mönche von ganzem Herzen.

„Das wirkliche Gebet macht den Mönch den Engeln ähnlich, denn inständig sehnt er sich danach, seinen Vater zu schauen, der im Himmel ist" (Gebet 113). „Selig ist jener Geist, der, ohne Zerstreuung betend, immer tieferes Verlangen nach Gott empfindet" (118).

„Du willst wirklich beten? Dann halte dich fern von den Dingen dieser Welt. Deine Heimat sei der Himmel. Dort solltest du leben nicht mit Worten allein, sondern durch engelgleiche Taten und immer tiefere Erkenntnis Gottes" (Gebet 142).

Das Ziel des geistlichen Weges ist für die Mönche das Einswerden mit dem dreifaltigen Gott. Evagrius nennt das die Kontemplation des dreifaltigen Gottes. Der Weg zu dieser Kontemplation führt über den Auszug aus Ägypten – aus der Abhängigkeit von der Sünde –, über den Aufenthalt in der Wüste, in der der Mönch mit den Leidenschaften kämpft, in das Gelobte Land. Dort erfährt der Mönch die Kontemplation der Dinge, d. h. er sieht den Dingen auf den Grund, er erkennt Gott in allen Dingen. Dann zieht er hinauf nach Jerusalem, das für Evagrius ein Symbol ist für die Kontemplation der körperlosen, geistigen Wesen. Und das Ziel des geistlichen Weges ist der Zion, ein Bild für die Kontemplation der Dreifaltigkeit. Im dreifaltigen Gott kommt der Mensch zu sich selbst, da erkennt er sein wahres Wesen.

Wenn wir die Lehre des Evagrius in unsere Sprache übersetzen, dann heißt dies: Die wahre Therapie unserer Probleme und Wunden ist das Gebet. Im Gebet, in der Kontemplation, heben wir die Identifizierung mit unseren Gedanken und Gefühlen auf. Die transpersonale Psychologie sieht, wie gesagt, in dieser Dis-Identifikation die wahre Therapie. Solange wir an unsere Gefühle gebunden sind, solange wir uns total abhängig machen von unserem Wohlbefinden, solange wir uns mit unserer Angst, mit unserer Eifersucht, mit unserem Ärger, mit unserer Depression, identifizieren, solange werden sie für uns zum Dauerproblem, von dem wir nie loskommen.

Erst wenn wir spüren, daß die eigentliche Wirklichkeit tiefer liegt, daß Gott die tiefste Realität ist, werden wir frei von dem Verhaftetsein an unsere Probleme. Was die transpersonale Psychologie als Weg entdeckt hat, um unsere Probleme zu relativieren und uns von ihrer Macht zu befreien, hat Evagrius als Ratschlag für das Gebet formuliert:

„Wenn du auf vollkommene Weise beten willst, laß, was mit dem Fleische zu tun hat, beiseite, damit sich dein Blick, während du betest, nicht trübe" (Gebet 128), und: „Wenn du dich dem Gebete hingibst, mußt du alles andere, was dir Freude bereitet, zurücklassen, erst dann wirst du zum reinen Gebet kommen" (Gebet 153).

Für die transpersonale Psychologie ist der mystische Weg auch der Weg, in den alle Therapie einmünden müsse. Denn es genügt nicht, wenn wir nur besser mit unseren Problemen umgehen können. Wirklich geheilt sind wir erst, wenn wir unser wahres Wesen erkannt, wenn wir mit unserem Herzen erfahren haben, daß wir nicht von unsern Beziehungen, nicht von unseren Problemen, nicht von unseren Ängsten bestimmt sind, sondern daß jeder in Berührung ist mit seinem spirituellen Selbst, mit dem unberührten Bild, das Gott von ihm hat. Und über dieses spirituelle Selbst haben die Beziehungen, die Gefühle, die Leidenschaften keine Macht.

Im Gebet dürfen wir eintauchen in den Raum der Stille, in dem schon alles heil und ganz ist, in dem wir einen tiefen Frieden mitten in allen Verletzungen und Kränkungen spüren.

11 Sanftmut als Zeichen des geistlichen Menschen

Das Ziel des geistlichen Weges ist nicht der große Asket, nicht der ausdauernde Faster, nicht der konsequente Mann, sondern der sanftmütige Mensch. *Evagrius* preist immer wieder die Sanftmut als das Zeichen eines spirituellen Menschen. Er fordert uns auf, sanftmütig wie Mose zu werden, von dem die Schrift sagt: „Er war sanftmütiger als alle Menschen" (Num 12,3).

„Niemand setze sein Vertrauen allein auf die Enthaltsamkeit, ich bitte euch! Denn es ist nicht möglich, ein Haus mit einem einzigen Stein zu bauen, noch mit einem einzigen Ziegelstein ein Gebäude zu vollenden. Ein zorniger Asket ist ein trockenes Holz, ohne Früchte zur Herbstzeit, zweifach abgestorben und ausgewurzelt. Ein Zornmütiger wird nicht den aufgehenden Morgenstern sehen, sondern er wird dahin gehen, von wo er nicht zurückkehrt, ein finsteres und düsteres Land, wo kein Licht scheint und kein Menschenleben zu sehen ist. Die Enthaltsamkeit unterdrückt allein den Leib, die Sanftmut aber macht den Intellekt zum Seher!" (Brief 27).

Immer wieder spricht Evagrius davon, daß die Askese allein nicht genügt für den geistlichen Weg. Entscheidend ist die Sanftmut. Sie allein verwandelt das Herz des Menschen und macht es offen für Gott.

„Die Enthaltsamkeit allein gleicht jener törichten Jungfrau, die vom Brautgemach ausgeschlossen war, weil ihr Öl ausging und ihre Lampe erlosch" (Brief 28). Im 56. Brief bringt er einen anderen Vergleich: „Der, der sich der Speise und des Trankes enthält, in dessen Innerem sich aber unberechtigter Zorn regt, gleicht einem Schiff, das sich mitten auf dem Meer befindet und das der Dämon des Zornes steuert."

Evagrius sieht auch in David und in Jesus die Sanftmut verwirklicht, der wir nachfolgen sollen: „Sage mir doch, warum hat die Schrift, als sie Mose preisen wollte, alle Wunderzeichen beiseite gelassen und einzig der Sanftmut gedacht? ... Sie preist allein dies, daß Mose sanftmütiger war als alle Menschen. ... Auch David flehte darum, als er der Tugend der Sanftmut gedachte, eben dessen gewürdigt zu werden, indem er sprach: ‚Gedenke, Herr, des David und all seiner Sanftmut.' Er läßt beiseite, daß seine Knie vom Fasten schwach wurden und sein Fleisch (aus Mangel an Öl) dahinschwand und daß er wachte und wie ein Sperling ward, der auf den Dächern herumfliegt, und er sprach: ‚Gedenke, o Herr, des David und all seiner Sanftmut.' Laßt auch uns jene Sanftmut dessen erwerben, der sprach: ‚Lernt von mir, denn ich bin sanftmütig und demütig von Herzen', auf daß er uns seine Wege lehre und im Himmelreich erquicke" (56. Brief).

Die Sanftmut ist für Evagrius die Quelle der Erkenntnis Christi. Ohne Sanftmut kann man noch soviel in der Bibel lesen und eine noch so harte Askese üben, man wird das Geheimnis Christi nie verstehen. So schreibt er an einen Schüler: „Vergiß aber vor allem die Sanftmut und die Besonnenheit nicht, die die Seele reinigen und der Erkenntnis Christi nahebringen" (34 Brief).

Die Erkenntnis Christi ist ein anderer Ausdruck für Kontemplation. Ohne Sanftmut gibt es keine wahre Kontemplation. An Rufinus schreibt Evagrius: „Ich bin nämlich überzeugt, daß deine Sanftmut dir zu einer Ursache großer Erkenntnis geworden ist. Denn keine einzige Tugend bringt so die Weisheit hervor wie die Sanftmut, um derentwillen auch Mose gelobt ward, er sei sanftmütiger als alle Menschen gewesen. Und auch ich bete darum, ein Schüler des Sanftmütigen zu werden und genannt zu werden" (36. Brief).

Die Sanftmut ist also ein Zeichen dafür, daß wir Christus verstanden haben und ihm nachgefolgt sind.

Hier wird eine andere Art der Spiritualität sichtbar, als sie uns in den Moralbüchern der fünfziger Jahre gegenübergetreten ist. Nicht die Strenge, nicht das Moralisieren, nicht das Angstmachen, sondern die Ermutigung zur Sanftmut zeichnet die Spiritualität der frühen Mönche aus. Ein sanftmütiger Mensch ist anziehend für viele. Er muß Andersgläubige nicht von seiner Rechtgläubigkeit überzeugen, er hat es nicht nötig, sie zu missionieren. Seine Sanftmut ist Zeugnis für Christus genug. Wer seiner Sanftmut begegnet, begegnet Christus und wird ihn darin erkennen.

Sanftmut und Barmherzigkeit sind die Kriterien echter Spiritualität. Wenn wir mit diesen Kriterien die heutigen Formen der Frömmigkeit anschauen und beurteilen, werden wir schnell erkennen, welche Art Frömmigkeit der Angst vor dem verdrängten Schatten entspringt und welche aus dem Geist Christi kommt. Nur wenn Menschen sanftmütig geworden sind und barmherzig mit ihren Mitmenschen umgehen, künden sie von einer Spiritualität, die christusgemäß ist. Alle anderen Formen mögen sich noch so fromm gebärden, sie entstammen doch dem Geist der eigenen Angst und der Verdrängung der Leidenschaften. Insofern können wir von den frühen Mönchen lernen, eine Spiritualität zu entfalten, die dem Geist Christi entspricht.

Ausblick

Manch einem mögen die Vätersprüche und die Schriften der frühen Mönche auch jetzt noch wie eine ferne, fremde Welt erscheinen. Es ist nicht immer einfach, sich in diese so andere Sprache hineinzuspüren. Aber wenn wir einmal die Weisheit entdeckt haben, die in den Worten der Mönchsväter wohnt, dann lassen sie uns nicht so leicht los. Sie sind eine Fundgrube nicht nur für das geistliche Leben, sondern auch für die Psychologie, die dort in einer anderen Sprache vorfindet, was sie in diesem Jahrhundert erst mühsam erarbeitet hat. Der Unterschied zur modernen Psychologie besteht jedoch darin, daß die Mönche durch die Erfahrung erprobt haben, was sie sagen, daß sie keine theoretischen Modelle entwickeln, sondern „nur" ihre eigene Erfahrung reflektieren.

Ein Freund, der als Psychologe bei Fortbildungen immer wieder neue Modelle kennenlernte, von denen alle fasziniert waren, sagte mir einmal: „Wir lernen ständig neue psychologische Methoden und Erklärungsmodelle kennen, aber keiner kommt auf die Idee, sie wirklich zu leben. Dafür bleibt gar nicht die Zeit. Deswegen interessiert mich euer Leben. Was geschieht, wenn einer jahrzehntelang nach so einem Modell lebt?"

Die Mönche wollen einweisen in einen Weg, den es dann auch konkret und konsequent zu beschreiten gilt. Sie sind immer sehr abweisend, wenn zu ihnen Menschen kommen, die sich an ihrer Weisheit erbauen möchten, aber nicht bereit sind, sie auch zu leben. So weigert sich Abbas *Theodoros*, einem Bruder, der zu ihm gekommen war, ein Wort zu sagen. Als ein Schüler ihm dann Vorwürfe macht, antwortet er: „Wirklich, ich wollte nicht zu ihm sprechen. Er ist ein Wichtigtuer und will sich mit fremden Worten rühmen" (Apo 270).

Worte sind nutzlos, wenn man sie nicht lebt. Das meint auch Abbas *Jakob* in einem anderen Väterspruch: „Man braucht nicht nur Reden. Denn es gibt viele Reden unter den Menschen in dieser Zeit. Was nottut, ist die Tat. Das wird gesucht und nicht Reden, die keine Frucht bringen" (Apo 398).

Was wir von den Mönchen lernen können, ist die *Sehnsucht nach Gott*. Es ist die Sehnsucht, die sie anstachelt, in die Wüste zu gehen, konsequent mit den Leidenschaften zu kämpfen, die Askese treu durchzuhalten. Die Mönche sehnen sich danach, Gott zu erfahren, mit Gott eins zu werden, in Gott die Erfüllung aller Sehnsucht zu erleben. Gott ist für sie die Wirklichkeit schlechthin. Um Gottes willen verlassen sie die Welt, um Gottes willen nehmen sie den Kampf auf sich. Sie haben offensichtlich Gott geschmeckt und lassen deshalb nicht nach, bis sie ihn gefunden haben. Ein Altvater vergleicht den Mönch mit einem Hund, der den Geschmack des Hasen im Mund hat und deshalb nicht nachläßt, bis er ihn gepackt hat: „Ein Mönch soll die Hunde auf der Hasenjagd beobachten. Wie nämlich nur einer, der den Hasen erblickt hat, ihn verfolgt, die anderen aber, weil sie jenen Hund laufen sehen, ihm nachrennen, aber nur solange sie nicht ermüden, und dann plötzlich zurückkehren, und nur der erste, der den Hasen tatsächlich sah, ihn weiter verfolgt, bis er ihn gefaßt hat, und sich im Lauf nicht abhalten läßt, weil die anderen von ihrem Lauf umgekehrt sind, noch auch durch Abgründe, Wälder oder Gesträuch noch von kratzenden Dornen und Wunden abgehalten wird, aufzugeben, bis er den Hasen faßt, so soll auch der Mönch, der Christus den Herrn sucht, unablässig auf das Kreuz schauen und alle Ärgernisse übersehen, die ihm begegnen, bis er zum Gekreuzigten gelangt ist" (Apo 1148).

Das Ziel des Kampfes, der Jagd, des Weges, ist Gott. Der Mönch läßt nicht eher ab, bis er Gott gefunden hat, bis er ohne Zerstreuung beten kann, bis er mit seinem ganzen Denken und Fühlen auf Gott gerichtet ist und in Gott die Erfüllung seiner Sehnsucht findet. Wenn wir wie der Hund auf der Hasenjagd den Geschmack Gottes in unserem Munde haben, dann lassen wir uns auf unserem spirituellen Weg nicht entmutigen, weder durch die ständigen Konflikte innerhalb der Kirche, noch durch die diffuse Depressivität, die unsere Gesellschaft prägt, noch durch die Säkularisierung unserer Zeit, in der von Gott oft so wenig zu spüren ist. Nicht ein Leistungsdenken spornt uns dann auf dem Weg zu Gott an, sondern Gott selbst, den wir einmal geschmeckt haben und dessen Geschmack uns nicht losläßt, bis wir ihn gefunden haben.

Die Mönchsväter könnten uns heute einen Weg zeigen, wegzukommen von oberflächlichen Debatten über die Struktur der Kirche und über die Auszehrung der Spiritualität. Sie laden uns ein auf den Weg der Sehnsucht. Die Sehnsucht nach Gott läßt uns durch alle Hindernisse hindurch nach dem Hasen jagen, nach dem Einswerden mit Gott, nach dem Kommen Jesu Christi, „der unseren armseligen Leib verwandeln wird in die Gestalt seines verherrlichten Leibes" (Phil 3,21).

Das Streben des Mönches zielt letztlich dahin, die biblische Forderung „Betet ohne Unterlaß" zu erfüllen. Die große Frage der Mönche ist, wie sie ohne Unterlaß beten, wie sie ihre ganzes Streben auf Gott richten können. Mit all ihren

Worten, mit den Erfahrungen, die sie gemacht haben, mit den Kämpfen, die sie durchgestanden haben, wollen sie uns dazu einladen, uns auf den Weg zu Gott zu machen, nicht eher aufzuhören mit unserem Kampf, bis wir ohne Unterlaß beten können und im Gebet unsere wahre Würde erfahren.

Es ist die Stimme der frühen Kirche, die uns in den Mönchen zuruft: „Bete immerzu, denn erst das Gebet macht dich zum vollen Menschen, und erst durch das Gebet entdeckst du deine volle Würde. Ganz besonders aber wird das Gebet deine Liebe zu Gott vertiefen. Sie wird immer stärker werden bis zu dem Tag, an dem du schauen wirst, was du im Gebet ersehnt hast" (Bamberger 83 f).

Der Weg zu Gott aber geht über unsere eigene Wirklichkeit, über die Beobachtung der Gedanken, über den rechten Umgang mit den Leidenschaften und über eine Askese, in der wir uns einüben in die Offenheit für Gott. Es ist eine *Spiritualität von unten*, die uns die Mönche lehren, eine Spiritualität, die den Mut hat, alles, was in uns ist, auch unsere Schattenseiten, anzuschauen und Gott hinzuhalten. Sie laden uns ein auf den Weg der Demut, auf dem wir durch Hinabsteigen in unsere Wirklichkeit zu Gott aufsteigen. Das Vorbild ist Jesus selbst, der vom Himmel herabgestiegen ist, um uns als seine Geschwister zu Gott emporzuheben. Für Paulus ist dies auch unser Weg: Nur der, der zuvor hinabgestiegen ist, kann zu Gott aufsteigen (vgl. Eph 4, 9 f).

Wir werden nur auf dem Weg über die ehrliche Selbstbegegnung, über das Hören auf unsere Gedanken und Gefühle, auf unsere Träume, auf unsern Leib und auf unser konkretes Leben, auf unsere Arbeit und unsere Beziehung zu andern Menschen, zu dem Gott kommen, der alles, was wir ihm hinhalten, verwandeln wird, bis auch in uns das

Bild Jesu Christi aufscheint, das Bild, das Gott sich von jedem einzelnen von uns gemacht hat und das nur in und durch uns in dieser Welt erstrahlen kann. Die ganze Mühe, die die Mönche in ihrer Askese auf sich genommen haben, will nichts anderes, als dieses einmalige Bild Gottes in dieser Welt ohne Verfälschung aufscheinen zu lassen.

Die Mönche wollen uns heute ihren Optimismus vermitteln, daß wir an uns arbeiten können, daß wir nicht heillos unseren Anlagen und unserer Erziehung oder der gesellschaftlichen Situation ausgeliefert sind, sondern daß es sich lohnt, sich in der Askese zu formen, bis das Bild Gottes von dir und mir ungetrübt aufleuchtet, und bis das einmalige Wort, das Gott über jeden einzelnen von uns spricht, in unserer Welt unverfälscht ertönt.

Die Würde jedes einzelnen, der von Gott auf einmalige Weise geformt und in dem Gott jeweils ein anderes, dir und mir eigenes Wort aussagt, ist der Grund, warum uns die Mönche zur Askese einladen. Wir sollen und können an uns arbeiten, wir können unser wahres Selbst finden – und wir werden Gott finden, der im Gebet und in der Kontemplation unsere tiefsten Wunden heilt und uns die Sehnsucht unseres Herzens stillt.

Literaturhinweise

Anselm Grün, Geistliche Begleitung bei den Wüstenvätern, Münsterschwarzach 1991

Ders., Einreden. Der Umgang mit den Gedanken, Münsterschwarzach 1982

Ders., Der Umgang mit dem Bösen. Der Dämonenkampf im alten Mönchtum, Münsterschwarzach 1980

Ders., Bilder von Verwandlung, Münsterschwarzach 1993.

Evagrius Ponticus, Praktikos. Über das Gebet, übers. und eingel. v. J. E. Bamberger, Münsterschwarzach 1986

Ders., Briefe aus der Wüste, eingel., übers. v. Gabriel Bunge, Trier 1986.

Ders., Über die acht Gedanken, eingel. und übers. v. Gabriel Bunge, Würzburg 1992.

Ders., Antirrheticus magnus. Die große Widerrede, übers. v. Leo Trunk, Manuskript Münsterschwarzach 1992.

Weisung der Väter, übers. v. B. Miller, Trier [3]1986.

Sprüche der Väter. Apophthegmata Patrum, übers. v. P. Bonifatius, Graz 1963.

Johannes Cassian, Spannkraft der Seele, ausgew. und übertr. v. Gertrude und Thomas Sartory, Freiburg 1981.

Ders., Aufstieg der Seele, ausgew. und übertr. v. Gertrude und Thomas Sartory, Freiburg 1982.

Lebenshilfe aus der Wüste. Die alten Mönchsväter als Therapeuten, ausgew. u. eingel. v. Gertrude und Thomas Sartory, Freiburg 1980.

Les sentences de pères du désert. Nouveau recueil, hrsg. v. L. Regnault, Solesmes 1977.

Les sentences des pères du désert. Troisième recueil, hrsg. v. L. Regnault, Solesmes 1976.

Des hl. Abtes Dorotheus Geistliche Gespräche, übers. v. B. Hermann, Kevelaer 1928.

Igor Smolitsch, Leben und Lehre der Starzen, Wien 1936.

Erhart Kästner, Die Stundentrommel vom Heiligen Berg Athos, Wiesbaden 1956.

Ausgewählte Schriften der syrischen Kirchenväter, übers. v. Gustav Bickell, Kempten 1874.

Athanasius, Leben des heiligen Antonius, übers. v. H. Mertel, Kempten/München 1917.

Roger N. Walsh/Frances Vaughan, Psychologie in der Wende, München 1985.

Karl Heussi, Der Ursprung des Mönchtums, Tübingen 1936.

Uta Ranke-Heinemann, Das frühe Mönchtum. Seine Motive nach den Selbstzeugnissen, Essen 1964.